广东省普通高校青年创新人才类项目冷战后日本对东南亚安全格局的介入与影响研究（2019WQNCX068）

光明社科文库
GUANGMING DAILY PRESS:
A SOCIAL SCIENCE SERIES

·政治与哲学书系·

冷战后日本对东南亚安全格局的介入与影响研究

张应进 | 著

光明日报出版社

图书在版编目（CIP）数据

冷战后日本对东南亚安全格局的介入与影响研究 / 张应进著. -- 北京：光明日报出版社，2023.5
 ISBN 978-7-5194-7295-5

Ⅰ.①冷… Ⅱ.①张… Ⅲ.①日本—对外政策—研究—东南亚—现代②国家安全—研究—东南亚 Ⅳ.①D831.30②D815.5

中国国家版本馆 CIP 数据核字（2023）第 108190 号

冷战后日本对东南亚安全格局的介入与影响研究
LENGZHANHOU RIBEN DUI DONGNANYA ANQUAN GEJU DE JIERU YU YINGXIANG YANJIU

著　　者：张应进	
责任编辑：杨　茹	责任校对：杨　娜　贾　丹
封面设计：中联华文	责任印制：曹　净

出版发行：光明日报出版社
地　　址：北京市西城区永安路 106 号，100050
电　　话：010-63169890（咨询），010-63131930（邮购）
传　　真：010-63131930
网　　址：http://book.gmw.cn
E-mail：gmrbcbs@gmw.cn
法律顾问：北京市兰台律师事务所龚柳方律师
印　　刷：三河市华东印刷有限公司
装　　订：三河市华东印刷有限公司
本书如有破损、缺页、装订错误，请与本社联系调换，电话：010-63131930
开　　本：170mm×240mm
字　　数：168 千字　　　　　　印　　张：10.75
版　　次：2024 年 4 月第 1 版　　印　　次：2024 年 4 月第 1 次印刷
书　　号：ISBN 978-7-5194-7295-5
定　　价：85.00 元

版权所有　　翻印必究

前　言

日本在冷战后期实现了其在东南亚安全格局中身份的自然转型，以大国、高姿态的方式重现于东南亚安全格局。

冷战后，日本以东南亚为其国家对外安全战略的核心，开始以域外大国的身份积极介入东南亚安全格局。在美日同盟的漂流期，日本参与并支持地区多边安全框架的构建；在美日同盟的再定义下，日本以同盟体制为依托，介入东南亚安全事务，日本逐渐形成初步成熟的东南亚安全战略模式，即强化巩固同盟、注重双边安全合作、积极参与地区多边安全合作框架的"多层次结构模式"。在此之下，日本初步介入东南亚安全事务，在东南亚安全格局中获得一极身份。

21世纪初，随着"9·11"事件后东南亚安全局势的变化，日本东南亚安全战略进入加速转型期。这一时期日本的东南亚安全战略的调整主要集中在两个方面，一方面是保障其东南亚安全战略实施的军力建设与国内法制的调整，另一方面是增强美日同盟关系及在此之上的多边安全框架的建设。同时，根据这一时期的东南亚安全态势，日本与东南亚国家在经济安全、反恐、反海盗、能源安全、环境污染与自然灾害的防治、跨国犯罪、传染病治理、粮食安全等非传统安全领域展开了全面的安全合作。中国的崛起，使日本的东南亚安全战略充满了地缘政治斗争的意味。这一时期，日本虽然有效地介入东南亚安全事务，但随着东南亚安全格局中各方力量的多元化和均衡化发展趋势增强，日本在格局中的影响力有所下降。

2008年后，随着美国安全重心的东移，日本在美国东南亚安全布局中的地位获得进一步提升。在此之下，日本为实现国家战略诉求而积极配合美国调整东南亚安全政策。日本民主党执政期间，日本意图构建以自身为核心的亚太新秩序。2012年，安倍晋三第二次上台执政后，公开宣扬"军事复国"，日本的东南亚安全战略全面调整并进入落实阶段。这一时期，日本日益重视海洋安全战略的调整，在防治海盗、保障海上通道安全的同时，全面介入南海问题，试图构筑并主导东南亚地区海上安全合作架构，并借此掌控东南亚安全格局。日本与东南亚国家的安全合作也从以非传统安全问题为主转向以传统安全问题为主。此外，日本积极在东南亚区域内外构建多边同盟体系，意图全面遏制和围堵中国。但日本对东南亚安全格局的进一步介入仍面临诸多条件的制约。

  基于以上不同阶段的梳理与分析，本书结论部分对冷战后日本介入东南亚安全格局的特征和方向、日本的介入对东南亚安全格局的影响等问题做出了一定的总结与探讨，并在此基础上，力求客观全面地对冷战后日本在东南亚安全格局中的地位和作用做出评断。

目 录
CONTENTS

绪 论 ·· 1
  一、选题依据与研究意义 ·· 1
  二、国内外研究现状 ··· 2
  三、主要研究内容及重点难点 ··· 8
  四、主要研究方法 ·· 9
  五、创新之处与研究不足 ·· 10

第一章 冷战后初期日本对东南亚安全格局的介入 ··············· 13
  第一节 冷战后日本介入东南亚安全格局的背景 ················· 13
    一、日本大国意识膨胀下的"正常国家化" ······················ 13
    二、日本与东盟长期的经济合作逐渐发生政治效益 ·········· 14
    三、经济发展下的东南亚地区安全困境 ···························· 15
    四、美国在东南亚的战略收缩 ··· 15
  第二节 冷战后日本积极介入东南亚安全格局 ····················· 16
    一、日本开始以积极态度介入东南亚安全事务 ················· 16
    二、日本积极推进东南亚地区多边安全合作 ···················· 20
    三、美日同盟的再定义为日本介入东南亚安全格局提供新契机 ··· 23
  第三节 亚洲金融危机与东南亚经济安全 ···························· 26
    一、冷战后日本延续"经济中心主义"导向 ······················ 27

1

二、日本与东南亚发展经济关系背后的安全考量……………… 28
　　三、金融危机为日本提供了介入东南亚安全格局的更多可能……… 30
　第四节　日本全面推进海洋战略…………………………………… 32
　　一、积极关注、有限介入南海问题………………………………… 32
　　二、主导马六甲海盗问题治理……………………………………… 33
　第五节　冷战后东南亚安全格局重构中的日本角色………………… 35
　　一、东盟"地区主义"下的大国均势……………………………… 35
　　二、美日同盟从漂流到再定义中的美国考量……………………… 39
　　三、中国崛起与"中国威胁论"…………………………………… 41
　　四、冷战后日本对东南亚安全格局的介入评析…………………… 43

第二章　21世纪初日本东南亚安全战略的调整 …………………… 48
　第一节　21世纪初日本东南亚安全战略调整的背景……………… 48
　　一、"9·11"事件后东南亚地区安全形势发生变化……………… 48
　　二、日本国家安全战略进入新的调整期…………………………… 49
　　三、21世纪初同盟关系的调整…………………………………… 50
　　四、日本自主要求的萌发：东南亚地区安全合作机制的整合…… 51
　第二节　21世纪初日本国家安全战略的调整对其东南亚安全战略的影响
　　………………………………………………………………………… 52
　　一、21世纪初日本国家安全战略的调整………………………… 52
　　二、日本对外战略中的安全考量…………………………………… 57
　第三节　"综合安全观"下日本与东盟的非传统安全合作………… 62
　　一、"综合安全观"下日本对东南亚各国安全合作理念的影响… 62
　　二、"综合安全观"下日本与东盟的非传统安全合作…………… 63
　第四节　"9·11"事件后东南亚地区安全格局发展态势…………… 72
　　一、美国在东南亚安全格局中发挥关键性的作用………………… 73
　　二、东南亚安全格局呈现多元的发展形态………………………… 74
　　三、东盟"独立自主安全观"下的东盟安全共同体……………… 75
　　四、东南亚安全格局中的力量均衡化趋势增强…………………… 77

第五节　21世纪初日本在东南亚安全格局中的地位和作用评析⋯⋯⋯ 79
　　一、日本的东南亚安全战略逐渐明晰⋯⋯⋯⋯⋯⋯⋯⋯⋯⋯⋯ 79
　　二、日本表现出明显的战略徘徊性⋯⋯⋯⋯⋯⋯⋯⋯⋯⋯⋯⋯ 80
　　三、中国的崛起使美国、东盟在安全格局中更倾向日本⋯⋯⋯⋯ 81
　　四、在东南亚安全格局的构建中，日本以进行地缘政治斗争为重要目标
　　　⋯⋯⋯⋯⋯⋯⋯⋯⋯⋯⋯⋯⋯⋯⋯⋯⋯⋯⋯⋯⋯⋯⋯⋯⋯ 83
　　五、日本有效介入东南亚安全格局，但其在格局中的影响力有所下降
　　　⋯⋯⋯⋯⋯⋯⋯⋯⋯⋯⋯⋯⋯⋯⋯⋯⋯⋯⋯⋯⋯⋯⋯⋯⋯ 85

第三章　2008年后日本东南亚安全战略的全面转型⋯⋯⋯⋯⋯⋯⋯⋯ 88
第一节　日本在美国东南亚安全布局中的地位提升⋯⋯⋯⋯⋯⋯⋯ 88
　　一、美国全球安全战略重心东移⋯⋯⋯⋯⋯⋯⋯⋯⋯⋯⋯⋯⋯ 88
　　二、美国的东南亚安全战略和对日定位的调整⋯⋯⋯⋯⋯⋯⋯ 89
　　三、日本为实现其国家战略诉求而积极配合美国调整东南亚安全政策
　　　⋯⋯⋯⋯⋯⋯⋯⋯⋯⋯⋯⋯⋯⋯⋯⋯⋯⋯⋯⋯⋯⋯⋯⋯⋯ 90
第二节　日本东南亚安全战略的调整⋯⋯⋯⋯⋯⋯⋯⋯⋯⋯⋯⋯ 93
　　一、意图构建以日本为核心的亚太新秩序⋯⋯⋯⋯⋯⋯⋯⋯⋯ 94
　　二、安倍执政时期日本的东南亚安全战略调整⋯⋯⋯⋯⋯⋯⋯ 97
第三节　日本对东南亚安全格局的介入⋯⋯⋯⋯⋯⋯⋯⋯⋯⋯⋯ 103
　　一、重视海洋安全战略调整：从非传统安全问题转向传统安全问题
　　　⋯⋯⋯⋯⋯⋯⋯⋯⋯⋯⋯⋯⋯⋯⋯⋯⋯⋯⋯⋯⋯⋯⋯⋯⋯ 103
　　二、借助海洋安全合作，强化与相关东南亚国家的安全合作关系⋯ 113
　　三、日本介入东南亚安全格局的具体方式方法⋯⋯⋯⋯⋯⋯⋯ 115
第四节　2008年后日本在东南亚安全格局中的地位和作用⋯⋯⋯⋯ 118
　　一、美国的亚太战略为日本推进战略转型提供重要机遇⋯⋯⋯ 118
　　二、日本主导东南亚安全格局的目标更加明晰⋯⋯⋯⋯⋯⋯⋯ 119
　　三、日本积极在东南亚区域内外构建多边同盟体系⋯⋯⋯⋯⋯ 121
　　四、对中国的遏制和"菱形安全共同体"的构建⋯⋯⋯⋯⋯⋯⋯ 123
　　五、日本对东南亚安全事务的进一步介入面临诸多条件的制约⋯⋯ 125

结　论 … 129

第一节　冷战后日本介入东南亚安全格局的特征和方向 … 129
第二节　日本的介入对东南亚安全格局的影响 … 134
 一、日本安全政策全面转型对东南亚安全格局的影响 … 134
 二、同盟体系对东南亚安全格局的影响 … 135
 三、多边安全机制对东南亚安全格局的影响 … 136
 四、日本的大国遏制战略对东南亚安全格局的影响 … 137
第三节　冷战后日本在东南亚安全格局中的地位和作用 … 138
 一、日本介入东南亚安全格局有多重利益考量 … 138
 二、美国是影响日本东南亚安全战略的首要外部变量 … 140
 三、冷战后日本的独立自主性不断加强 … 141
 四、日本善用事态和威胁介入地区安全事务 … 142
 五、在东南亚地区多边机制、非传统安全问题中日本有所作为，对东南亚安全格局发挥一定的积极作用 … 143
 六、日本介入东南亚安全格局的实际效力有限，但由此引起的消极后果不容小觑 … 144
 七、日本未来的安全战略走向对东南亚安全格局有至关重要的意义 … 145

参考文献 … 147

绪 论

一、选题依据与研究意义

安全是国际关系中最重要的范畴之一。东南亚安全格局是当今学术界所日益关注的重要问题。

东南亚安全格局历来深受区域外大国以及大国间关系的影响。不明确区域外国家在东南亚安全格局中扮演如何的角色，发挥如何的作用，就无法全面客观地从区域维度明晰东南亚作为一个整体，它的安全格局在冷战后经历了怎样的演变、演变的历史根源和演变的方向是什么。东南亚是战后日本介入最早、最深的地区之一。日本在东南亚地区有着重大的经济利益，并将该地区视为其迈向"政治大国"的重要跳板。冷战后，日本在地缘政治格局中界定新的国家定位，追求自我身份在东南亚安全格局中的重建，并要求在介入东南亚安全格局的基础上重塑国家利益。近年来，东南亚在日本的安全战略考量中的重要性愈发加强。目前和将来的一段时期内，争取东南亚安全格局的主导权仍将是日本孜孜以求的战略目标和身份定位。冷战后，日本如何介入并建构自身在东南亚安全格局中的身份和地位，对全面理解冷战后东南亚安全格局的演变过程，评断东南亚安全格局的未来走势有重要的意义和作用。

此外，冷战后东南亚安全格局的重塑及其在历史进程中的不断变化，为透视日本的东南亚安全战略的演进、探寻日本在国际安全战略中对自身的定位、明确日本安全战略理念的历史根源和未来趋势提供了有益的视角。冷战后东南亚安全格局的历史变迁，为全面系统地考察日本在东南亚安全格局的重塑、变迁中的身份、作为、地位提供了重要的参考依据。冷战后不同时期、不同国际形势下，日本以何种身份介入、以何种方式参与建构、以何种手段力图控制、以何种战略影响东南亚安全格局，对于探究冷战后日本的东南亚安全战略与日本的国际安全战略的思想与理念来说至关重要。如何理性分析、正确解读、客观判断日本的东南亚安全战略，并在此基础上合理预测日本未来的战略设计与政策方向，将直接影响各相关国家对日政策的制定和实施，从而对东南亚乃至东亚地区的和平与稳定产生重要的意义。

日本与东南亚，一为影响中国周边安全环境的最重大因素之一，一为中国周边安全环境的重要一环，二者之间的互动关系日益成为关系到包括中国在内的整个亚太地区安全与稳定的重要因素。近年来，中国快速崛起，使得中国在东南亚地区面临更多大国投入更多战略资源的安全挑战。随着东南亚安全领域问题的日益突出，本选题探讨日本在东南亚安全格局中所扮演的角色、目前的地位、产生的影响，对解读冷战后，尤其是当前中国周边的安全环境具有重要的现实意义。同时，美日同盟体系作为冷战后重塑东南亚安全格局的最重要的动力，本书以日本的东南亚安全战略为切入点，研究同盟体制对东南亚安全格局的影响，提供了分析和评判美日同盟的新视角。而探讨美日同盟在东南亚地区安全事务中所扮演的角色也是解读冷战后中国周边安全环境的关键内容，具有重大现实意义。由此可见，本书在对日本在冷战后东南亚安全格局变迁中的作为做出剖析、对其地位和作用做出客观评价的基础上，对东南亚安全格局的发展趋势进行理性的展望，对认清我国的安全环境及制定灵活务实的东南亚安全战略与政策具有一定的参考作用。

二、国内外研究现状

国内外专门研究东南亚安全格局的成果并不多见，大量关于东南亚安全格局的研究是嵌入在东南亚地区战略格局，也就是东南亚地区秩序的研究框架下进行讨论。冷战时期，东南亚的战略格局跳不脱全球"两极"大格局的窠臼，因此单独分析东南亚战略格局的研究成果比较少见，王士录的《从军事政治对抗走向经济合作——论80年代以来东南亚地区政治经济格局新变化》（《世界经济与政治》，1993年第10期）为代表性的一例，该文分析了20

世纪80年代末期以来东南亚地区格局的重大转变。冷战后，各方力量日益重视东南亚的战略价值，东南亚地区的战略格局成为重要研究议题，学者们对东南亚战略格局的界定、内涵、形态变化等进行了讨论。曹云华在《论东南亚地区秩序》（《东南亚研究》，2011年第5期）一文中用关系、制度与行为三要素来界定地区秩序，并将东南亚秩序定义为：相关大国和东盟关系的一种相对稳定的状态、对地区制度默认的安排，以及为解决该地区冲突和维护地区和平、发展而做出的各种努力。贺圣达在《东南亚地区战略格局与中国—东盟关系》（《东南亚南亚研究》，2014年第1期）一文中指出，东南亚地区战略格局是东南亚国际关系中带有全局性、整体性的问题，是东南亚各国、周边国家、地区组织、世界上主要政治力量在东南亚地区的影响、地位、作用以及相互之间的关系。在另一文《东南亚格局中的中国策略》（《中国科学报》，2014年1月6日）中，贺圣达对东盟战略格局的展现走向做出概括与预测，由于多元权力结构以及相互关系的复杂性，今后几年内东南亚地区格局最大的可能还是会由东盟保持主体地位，各大国具有与其实力和地区战略相应的地位和影响，并且保持相对均衡的状态。郑永年的《中国与亚洲秩序的未来》（《联合早报》，2011年7月26日）以东盟为核心分析了东南亚安全秩序的特征，认为东盟区域秩序自成一格，各国以东盟为"核心"，通过接触和讨论形成共识和相互信任，是这个秩序的主要特征。

除了从地缘政治、多元权力角度分析东南亚战略格局的形成、转变与动因外，还有一些学者从其他角度探讨了有关问题，值得一提的是曹云华主编的《远亲与近邻：中美日印在东南亚的软实力》（人民出版社，2015年），该书聚焦于软实力因素，对中国、美国、日本、印度这几个区域外大国在东南亚地区（包括在东南亚具体国家）的软实力进行了细致的分析与比较，这是目前国内唯一从软实力比较角度，系统研究区域外大国在东南亚战略格局中的地位，发挥影响力的途径与渠道的研究成果。郑先武的《安全、合作与共同体——东南亚安全区域主义理论与实践》（南京大学出版社，2009年）将东南亚安全战略与安全区域主义理论结合起来，通过理论、历史与现实的互动分析，提出全球化背景下的东南亚安全区域主义综合分析框架。

除了在整体上分析东南亚安全格局的演变及其动因外，一些学者集中探讨了区域外大国及其互动对东南亚安全格局的影响。国内外学界对东南亚地区战略格局存在一个基本共识：近现代以来，东南亚地区战略深受外部因素影响甚至由外部因素主导。概括起来，当前对东南亚安全的研究主要集中于两个层面：一是关注于热点问题，如南海问题；二是聚焦于东南亚安全中的大国关系。大国关系的角力也是当前重视东南亚研究的一个重要原因，因此当前的东南亚安全问题研究主要集中于大国均势对东南亚安全格局的影响及对中美日等域外大国的东南亚安全政策的研究。

近年来，较多研究关注东盟的大国平衡战略和东南亚安全格局的多极化发展倾向。刘阿明在《权力转移过程中的东南亚地区秩序》（《世界经济与政治，2009年第6期》）一文中认为东南亚地区秩序的变迁折射出丰富的地缘政治与大国战略内涵。张锡镇的《中国在东南亚的软实力和中美关系》（《南洋问题研究》，2009年第4期）、肖欢容的《冷战后东盟的大国平衡战略》（东南亚纵横，2009年第8期）、曹云华的《探究东南亚新秩序》（世界知识出版社，2015年）等，多位学者在相关文章或著作中指出东盟国家安全战略的核心是均势，即大国平衡战略，这对理解区域外力量影响东南亚安全格局有重要意义。一些文章和著作是站在东南亚地区的视角下来看周边大国的现实均势或者参与多边国际制度合作的行为的，最著名的当数研究东南亚的现实主义理论家 Michael Leifer，他的代表著作 *The Balance of Power in East Asia*（Palgrave Macmillan UK，1986）。Ralf Emmers 出版的 *Cooperative Security and the Balance of Power in ASEAN and the ARF*（Routledge，2003）从东盟地区论坛中各大国之间的相互制衡中研究东南亚地区的安全。此外，A. James Gregor 的 *In the Shadow of Giants：The Major Powers and the Security of Southeast Asia*（Hoover Institution，1989）、Alan Collins 的 *The Security Dilemmas of Southeast Asia*（Macmillan，2000）也都从现实主义的基本视角分析了东南亚地区的权力斗争与均势行为。此外，一些研究也关注于外部力量与东南亚地区安全和地区制度间的相互影响：新加坡加尼山在《东盟与主要外部力量的关系》一文中表达了东盟对待外部大国的积极性态度："尽管东盟各个单个国家对待一些具体问题和主要的威胁具有不同的意见，但是东盟对待美国、中国和日本的政策通过政治与经济因素的整合而变得积极……在政治领域，三个主要大国维持亚太地区安全稳定环境的能力是首要考虑的因素。"① 西蒙的文章《东盟和多边主义：通往共同体长期崎岖的道路》分析了冷战结束以来东盟国家对一些例如东盟地区论坛、东亚峰会以及 APT 等地区机制的考虑和态度，对这些机制中参与的大国与大国势力的均衡也做了简要的分析。②

在大国平衡战略和东南亚业已形成的多极格局下，在东南亚安全格局的构建和转型中，中美日和东盟三国四方的互动越来越起到决定性的作用。在此之下，相关的研究除了将主要目光聚焦于美国外，日本的东南亚安全战略及其对东南亚安全格局的影响也日益受到学者们的关注。例如，日本学者 Nishihara Masashi（2003）、法国学者 Céline Pajon（2013）的相关文章分别从不同的视角探讨了日本同东盟的安全关系和日本的东南亚快速介入状态，进而分析了日本在地区安全中的角色，指出日本不仅是塑造东南亚经济格局的重要力量，同样对东南亚的政治与安全格局的走向发挥着作用。彭凡与杨昊的《日本の東南アジア戦略の類型の分析》（問題と研究：アジア太平洋研究専門誌，第 42 卷 4 号，2013 年）一文，系统地梳理和分析了日本的东南亚战略类型。韦民的《论日本与东盟的相互认知及双边关系的演进》（《国际政治研究》，2009 年第 1 期）分析了日本在地区安全中的角色，指出日本与东盟均视对方为制约中国的潜在力量，并在认同中促进了双边安全关系的演进，但相关研究成果仍然有限。

早期对日本安全方面的研究，多集中在日本国内安全政策和安全战略上，而缺少足够多的关于日本地区安全战略的研究。国内外有关日本政治、外交的研究一般都会涉及日本宏观的安全政策，这方面的研究可以说是较为丰富且广泛的，但针对日本安全政策和安全战略的专门的有深度的研究仍然较少，这体现在有关日本安全研究的专著并不甚多上。目前的主要著作有：李秀石的《日本国家安全保障战略研究》（时事出版社，2015 年）、肖伟的《战后日本国家安全战略》（新华出版社，2000 年）和《战后日本国家安全战略的历

---

① GANESAN N. ASEAN's Relations with Major External Powers [J]. Contemporary Southeast Asia, 2000 (2): 258-278.
② SIMON S. ASEAN and Multilateralism: The Long, Bumpy Road to Community [J]. Contemporary Southeast Asia, 2008, 30 (2): 264-292.

史原点》（新华出版社，2009年）、孙成岗的《冷战后日本国家安全战略研究》（解放军出版社，2008年）、武田康裕和神谷万丈的《日本安全保障学概论》（刘华译，世界知识出版社，2012年）等，这些著作从各自的研究和分析视角出发，对日本安全政策和方位战略做出了系统的梳理与研究。

近年来，随着日本安全战略的全面转型，尤其是安倍第二次执政后，日本日益表现出明显的参与地区安全事务的渴望与野心，有关于日本东南亚安全战略的研究越来越受到关注和重视。日本学者小岛明在《日本的选择》（孙晓燕译，东方出版社，2010年）一书中应用社会学和国际政治学理论，全面性地分析了21世纪后日本面临的安全问题，深度地探讨了日本国家战略的选择与走向。美国学者理查德·塞缪尔斯在其著作《日本大战略与东亚的未来》（上海人民出版社，2010年）一书中认为，日本的安全政策长期以来缺乏战略思维，冷战期间美国提供的安全保障使日本只面临有限的外部威胁，这使日本长期无须进行战略考量。此外，该书还客观地分析和评价了日本的安全政策，探讨日本目前的安全战略选择。米庆余的《近代日本的东亚战略和政策》（人民出版社，2007年）系统梳理了近代以来日本的东亚战略和相应的政策。由庞德良主编的《安倍政权与日本未来》（社会科学文献出版社，2017年）一书中对安倍政府的经济、政治、外交进行了深入的研究，从战略层面对安倍政权的对外安全政策进行有效评估，透视日本未来的国家战略设计，系统分析了日本未来国家命运中的"安倍效应"。沈海涛的著作《外交漂流：日本东亚战略转型》（社会科学文献出版社，2017年）一书中对日本的东亚战略转型进行了系统全面的分析。廉德瑰在《日本的海洋国家意识》（时事出版社，2016年）一书中指出，日本因长期受限于地理条件的束缚，所产生的海洋国家意识影响了日本国家战略选择。吴怀中的《安倍"战略外交"及其对华影响评析》（《日本学刊》，2014年第1期）、陈友骏的《日本安倍政府的东盟外交：基于现实主义外交的理论视角》（《东南亚纵横》，2015年第4期）等文，都认为安倍对东南亚的大力拉拢和苦心经营是其外交的重中之重，并严重影响中国周边的安全环境。赵申洪在《第二届安倍政府的东南亚政策评析》（《东南亚南亚研究》，2014年第3期）一文中系统地分析了安倍晋三第二次执政以来对东南亚的外交行动，深度解析了安倍政府东南亚政策的战略意图，前瞻性地预测了安倍政府东南亚政策的未来走向。

近些年来国外智库格外关注与日本与东南亚安全格局相关的研究，产生了丰富的研究成果。国外智库的研究主要集中在以下几个方面：

首先是美日同盟安保体制与东南亚安全事务方面的研究。日本国际事务研究所（JIIA）是日本排名第一且最有代表性的智库，它对东南亚安全问题的研究主要侧重于美日同盟，近年来的研究成果主要有：《日美联盟在全球面临的新挑战》（2015）、《日本的印太外交：与新兴大国的合作关系》（2013—2014）、《亚洲安全秩序（尤其是南中国海、印度洋）》（2012）。美国国会下面成立的东西研究中心（EWC）重点关注于亚太地区，2016年该中心发表了《美日联盟：迎合东南亚的新需求》，其非常明确的观点是，东南亚国家的安全需求、东南亚地区的安全形势、中国的地区进取行为将促使美日两国在东南亚地区进行更加协调、更加可持续、商业与安全手段并重的合作，美日联盟将更加强化。

其次是日本与东南亚安全格局的关系及影响方面的研究。日本防卫省下属的防卫研究所（NIDS）是日本研究东南亚地区安全的主要机构。该机构关注的重点领域是印支半岛（尤其是越南）和东南亚安全，近些年来其公布了一系列关于日本与东南亚安全方面的文章，如《东盟安全共同体：和平与稳定的一份倡议》（2008）、《构建多元关系：中国与日本的东南亚政策》（2009）、《日本安全展望：安全威胁与新的防卫法案》（2011）、《中国崛起与日本东南亚政策的演变：竞争与合作》（2012）、《日本对亚太安全环境的认识及其地区多边合作政策：变革还是延续？》（2014）、《南中国海：日本的观点》（2014）、《日本与东盟的安全合作：谋求"相关伙伴"的地位》（2015）等都对日本在东南亚安全事务的位置和作用等问题做出了相应的探讨。新加坡南洋理工大学拉惹勒南国际问题研究院下设的国防与战略研究所（RSIS-IDSS）主要聚焦于东南亚地区安全问题，它发表的《日本对东盟防长会议的认识》（2012）、《中日竞争对东盟以及地区机制的影响》（2014）等成果，探讨了日本与东南亚地区安全机制间的关系。

最后是关注于日本与东南亚具体的安全领域的研究。如海洋安全，JIIA开展的重要研究项目《印太地区以及海上安全的法治问题》（2015—2016），从国际法和东南亚地区两个维度来研究当前国际海洋法的实施和执行情况，以及东南亚地区每个国家的海上安全政策和问题。这一研究为日本在东南亚地区的海上安全合作和战略推进提供了重要的研究支持。美国亚太安全研究中心（DKI APCSS）先后出版了《东南亚国家对日本海事安全合作的回应》（2007）、《美日联盟面临着反介入和区域阻绝挑战：在西太平洋地区的能力建设、合作和信息共享》（2014）、《南中国海问题上的越南、美国和日本》等多个关于日本与东南亚海洋合作方面的研究成果（2014）等研究报告。

以上的智库研究成果都聚焦于日本介入东南亚安全格局的相关问题，或全面探讨，或重点切入，关注于日本作为域外大国，以美日同盟体制或加强双边、多边安全合作机制为手段，对东南亚安全格局的介入程度与可能影响等问题进行相关的研究和探讨。

值得关注的是，近年来随着日本国家安全战略的全面转型，针对日本的安全战略问题研究日益升温。总体来看，目前以"日本"为主题的东南亚地区安全格局研究中，呈现出以下基本特征，即对日本国家的防卫政策和安全战略研究较多，对日本的地区安全战略研究较少；对地缘政治角度的宏观性安全问题研究较多，针对细分的东南亚区域和具体的安全领域的安全战略研究较少，目前尚没有较全面深入的研究；在美日同盟的框架体系下开展的研究较多，而以日本独立的东南亚地区安全战略为重心的研究较少；且相关研究多与美国的国家安全战略结合，而缺少与日本独立的地区战略结合的研究成果。在此之下，相关领域仍有较广阔的研究空间。

三、主要研究内容及重点难点

冷战后，伴随着两极格局的结束，日本利用体系的转换建构自己在东南亚地区安全事务中独特的身份，乃至有野心构建由自己主导的东南亚地区安全格局。如何在冷战后东南亚安全格局的重建、塑造中获得主动和优势，成为日本国家战略转型的重要目标。多年来，日本将其东南亚安全战略隐含于对自身国内法制的突破、对美日同盟的转型和推动多边安全合作下的东南亚地区秩序具体构想之中，并在这个过程中，逐步加深对东南亚安全格局的介入。近年来，日本对东南亚安全事务的战略和相关政策更加明确、清晰，对相关安全领域的安排、介入也更加积极。

东南亚安全格局的历史性变迁为全面考察日本在冷战后东南亚安全格局重塑、变迁中的地位和作用提供了系统的脉络和依据。在此之下，本研究根据冷战后东南亚地区安全形势的变化和安全格局的演变，将冷战后至今分为三个时间段，即冷战后至21世纪初、21世纪初至2008年和2008年至今。在不同时间段中日本以何种身份参与、建构东南亚安全格局，以何种方式、手段力图介入和控制东南亚安全格局，以何种战略影响东南亚安全格局的变迁，是本选题的主要研究内容。在此之上，笔者将对冷战后日本介入东南亚安全格局的特征和方向进行相应的梳理与概括，对日本的介入对东南亚安全格局产生的影响进行相应的分析与判断，进而探讨并总结日本在冷战后东南亚安全格局中的地位和作用。

本研究重点要解决的问题是：揭示冷战后日本介入东南亚安全格局的特性、目标、方式方法和意图；在从总体上勾勒冷战后日本介入东南亚安全事务的战略全貌基础上，通过对日本本国的法制突破、军事发展态势，中国快速崛起下中日结构性矛盾的凸显，美日同盟体制的不断强化及美日对中国的遏制等内容的分析，透析日本东南亚安全战略和国家安全战略转型的历史延续性、变化的幅度与速度及影响的深度；探讨冷战后不同历史阶段中日本对东南亚安全格局产生的影响；明确日本在东南亚安全格局中的地位和作用，并在此基础上科学评断日本的东南亚安全战略和国家安全战略的未来走向。

本研究的难点在于：当前日本正进入一个新的安全战略转型期，日本未来的东南亚安全战略和国家安全战略都具有一定的不确定性，而东南亚安全格局也正处于一个多元力量共同作用和重塑的演进中。如何在对历史与现实、理论与实践的较好融合中探索日本的东南亚安全战略的演变轨迹和发展规律，如何从现实历史和战略梳理中透视日本未来安全战略的设计理念和路径，如何准确把握东南亚安全格局中的大国关系的博弈是本研究在具体开展中需要面对和解决的难题。

四、主要研究方法

随着当代安全理论的发展，学者们在安全研究领域建立了许多研究方法，其中历史分析法、比较分析法、演绎归纳法、实证分析法、个案分析法等方式方法对本书起到了重要的指导作用。本选题的研究力求在翔实的历史资料的基础上，借鉴前人的研究成果，探索新知。

首先，本书运用了历史分析的方法。对日本东南亚安全战略研究的目的就是认清历史本质、把握历史进程、预测未来趋势，因此，战略研究与历史分析密不可分。在具体研究方法的运用上，文献与资料的搜集、对相关资料的摘录与归纳、在历史史实基础上的历史分析，对展开、深化和拓展本选题的研究具有重要的作用。对日本在冷战后介入东南亚安全格局的历史进程进行历史分析，不仅能探究日本当前东南亚安全战略的历史根源，更能揭示日本的介入目的和发展趋势，力求做到"以史鉴今"。

其次，本书运用了比较分析方法。在复杂的国际形势、地缘政治格局和东南亚安全格局的不断嬗变下，日本冷战后东南亚安全格局中的地位和作用研究涉及方方面面的内容，如果不通过比较分析的方法，很难在复杂的体系中开展研究，更无法通过可靠的维度得出科学的结论。国际比较是比较分析中历史最为悠久的领域，而战略的对抗性特征决定了日本东南亚安全战略的研究必须着重进行横向和纵向的比较分析。本书运用国际比较分析方法，通过考察冷战后东南亚安全格局的三次变革历程，探寻日本在这三个历史阶段中东南亚安全战略的共性和特性。

最后，本书运用了演绎归纳的分析方法。国际关系的研究最重要的意义在于解释国际行为体的相互作用和运行、演变的规律，并在此基础上得出预测性结论，服务于国家战略和政策的制定。演绎归纳法，具有总结规律、推导未知的作用，能够较好地实现国际关系研究的目的。本研究在历史的梳理、总结和比较分析的基础上，运用演绎归纳的分析方法，探索冷战后日本的东南亚安全政策的发展规律，并在此基础上，结合当前国际和地区安全形势的新特点，探讨日本在东南亚安全格局中的作为和影响。

五、创新之处与研究不足

（一）本书创新之处

1. 视角创新。主要从冷战后日本介入东南亚安全格局的历史长周期演进中，梳理、归纳和总结它的东南亚安全战略、它在东南亚安全格局中的行为模式等方面的内容,从日本与地区安全格局、美日同盟体系、地区多极化、地区地缘政治等角度进行分析,进而明确日本在东南亚安全格局中的身份和目的,概括出日本在冷战后不同阶段的东南亚安全事务中的行为模式,从而界定日本在东南亚安全格局中的地位与作用。

2. 观念与结构设计的创新。为探寻日本在冷战后东南亚安全格局中的地位和作用,本文从冷战后东南亚安全格局的三次转型与变迁中,界定日本东南亚安全战略的不同侧重;从纵向对比中,区分日本不同阶段的不同作为、日本介入东南亚安全格局的不同方式,并由此按照"阶段背景—战略变化—主要行为模式—战略结构—战略结果"的逻辑来明确日本在冷战后不同阶段中的东南亚安全格局中的地位与作用。

3. 研究方法和观点的创新。本书采取实证、史证与战略分析相结合的方式研究冷战后日本的东南亚安全战略,在对冷战后日本介入东南亚安全格局的战略行为的解析、总结中,指出日本在东南亚安全格局中的地位和作用,进而预测其未来东南亚安全战略的变化倾向。

(二)本书不足之处

1. 本书虽然从历史梳理层面详细探析了冷战后日本对东南亚安全格局的介入和日本东南亚战略逐渐转变的过程,但鉴于个人知识结构、理论水平、科研经验、语言能力的局限,在相关的分析中,思想深度仍显不够,在分析范式、理论与现实的契合程度、理论框架的搭建方面仍需要进一步完善,因而需要在此基础上做进一步的修改。

2. 本书在具体材料的搜集、筛选、释读、整理、综合运用方面,仍有待于寻找更多、更有利、更全面的支撑素材。特别是在对涉及日本东南亚地缘战略研究的中文、日文以及英文材料的融合贯通上还需要下更大的功夫。

3. 日本的东南亚安全政策受多方面因素的影响。如何透过复杂的国际形势,在把握日本东南亚安全政策的变化轨迹下,科学客观地分析和判断日本今后的东南亚安全政策走向,既是本选题的难点,也是本文的不足与缺失。

4. 日本东南亚安全战略从一定角度来说,并不是孤立的。单独局限于东南亚地区,并不能全面客观地审视日本的东南亚安全战略和相关政策,因此,对日本国家层面的保障战略方面的文件解读和政策探讨如果只停留在东南亚地区，难免有所出入与不足。因而，本选题在部分内容上突破了东南亚的地域界限，有些分析与讨论又未能站在国际安保战略的全面视角之上，这也构成了本书的局限与不足。

第一章

冷战后初期日本对东南亚安全格局的介入

第一节 冷战后日本介入东南亚安全格局的背景

冷战结束后的一系列国际局势变化，使日本迎来了对外战略调整的契机。日本在冷战后期实现了其在东南亚安全格局中身份的自然转型，以大国、高姿态的方式重现于东南亚安全格局。

一、日本大国意识膨胀下的"正常国家化"

二战战败后，日本安全政策长期受"和平宪法"和《日美安全条约》的双重制约，长期采取"以日美安全体制为主、以自主防卫为辅"的安全战略。日本在安全上丧失部分自主性，并长期依赖美国。

在"重经济、轻武装"的安全战略调整下，"吉田路线"使日本迅速恢复经济并创造经济发展的奇迹。伴随着日本经济实力的不断增强，其大国意识开始萌发并膨胀。80年代后，日本日益表现出希望能够成为与其"经济大国"相称的、参与国际事务的"政治大国"的渴望。中曾根康弘提出，日本作为世界经济大国，应该积极参与国际事务，主动承担起相应的"国际责任"，努力成为政治大国。[①] 小泽一郎也在《日本改造计划》中提出日本应该

[①] 宋成有，李寒梅. 战后日本外交史（1945—1994）[M]. 北京：世界知识出版社，1995：545.

成为一个具有经济、政治、军事等综合外交能力的政治大国。① 主张为保护日本的安全和维持国际秩序，日本应该在地区安全保障方面发挥积极作用，日益成为日本国内的主流舆论。② 在日本各界广泛认同的"大国"倾向下，战后日本的安全政策重新定位。日本开始在"正常国家"道路上摸索前行。在此国家战略之上，日本开始推动自身在东南亚安全格局中角色的变化与调整。

二、日本与东盟长期的经济合作逐渐发生政治效益

冷战时期，美国的亚洲政策在于"遏制苏联宏观战略之衍生或残余"③。为此，美国与日本、韩国、澳大利亚、新西兰、菲律宾、泰国等亚太国家缔结军事同盟，最终形成美国在亚太地区遏制苏联的"轴辐"安全体系④。在此安全格局之中，东南亚具有重要的战略地位。作为美国在东南亚应对苏联及共产主义威胁的最核心的双边同盟——美日同盟，日本主要通过"经济外交"扩展同东南亚国家的关系，配合美国的东南亚政策，遏制共产主义在东南亚的扩张。

在冷战格局和美日同盟的需要下，日本在冷战时期通过投资、提供官方发展援助等手段，对东南亚各国进行经济渗透，日本的经济势力日益深入东南亚国家经济、民生的各个领域。1980年和1984年，日本对东盟国家提供的政府开发援助分别达到8.219亿美元和10.394亿美元，逐渐取代美国成为对东盟国家最大的援助国⑤。同时，日本积极开展与东南亚各国的科技文化人文交流，培养大批熟悉日本文化、精通日本事务、对日本有特别情感的东南亚精英，使日本在东南亚的政治、人文领域中有更大的发挥空间。⑥ 相较于美国的军事存在，日本在经济、人文领域与东南亚国家发生关系，两者在冷战时

---

① 小沢一郎. 日本改造計画［M］. 日本：講談社，1994：104-105.
② 五百旗头真. 战后日本外交史（1945—2010）［M］. 北京：世界知识出版社，2013：238.
③ 霍克. 东亚的经济安全与中国的使命［J］. 战略与管理，1998（1）：5-9.
④ 即以美国为单一轴心，以一系列双边同盟为辐条的亚太安全体系。参见：周方银. 美国的亚太同盟体系与中国的应对［J］. 世界经济与政治，2013（11）：4-24，156.
⑤ BLAKER M. Development Assistance to Southeast Asia［M］. New York：the Trustees of Columbia University，1984：45.
⑥ 曹云华. 东南亚的区域合作［M］. 广州：华南理工大学出版社，1995：239.

期的东南亚安全格局中均发挥至关重要的作用。日本在美日同盟需要下经营东南亚，为其后冷战时代参与东南亚的政治、安全事务奠定了一定的现实基础。

三、经济发展下的东南亚地区安全困境

冷战结束，国际格局迅速变化，国际安全环境也随之发生重大变化。东南亚地区出现了前所未有的稳定局面。在此之下，东南亚各国纷纷将发展经济置于首要位置。东南亚在 20 世纪 90 年代以其经济的快速发展而令全世界为之侧目。

在经济的快速发展下，东南亚地区被冷战掩盖的矛盾和历史问题重新显现。柬埔寨问题尚未解决，地区内的领土、领海纠纷仍然存在，地区国家间在经济发展水平及社会、文化、民族、宗教等方面存在的差异隐患重重。冷战结束后大国关系的调整、地区安全局势的变化、各种不确定因素的存在，都可能造成并加重地区的安全困境。在此背景下，东南亚各国均十分重视地区安全问题。在相对和平的环境下，各国展现出的"逆裁军"趋势，更进一步加重了地区安全疑虑。地区的安全困境为日本实现身份转换、重现东南亚安全格局提供了便利的契机。

四、美国在东南亚的战略收缩

美国的每一次战略收缩，都成为日本介入东南亚安全事务的重要机遇。首先，越南战争失败、美国在东南亚力量收缩后，1977 年福田发表名为《我国的东南亚政策》的演讲，提出"福田主义"。这是日本战后第一次明确阐明对东南亚外交政策的基本原则，标志着日本开始寻求独立自主的东南亚政策。"福田主义"下，日本的东南亚政策从重视经济转向经济、政治双管齐下，日本对东南亚地区安全事务的介入转向主动并日益活跃。

冷战结束后，两极格局瓦解。美国开始在国际体系中扮演领导者的角色。在国际安全形势的剧变下，美国调整其亚太安全战略。1992 年 11 月美军撤离菲律宾的苏比克海军基地和克拉克空军基地，美国开始在东南亚实施战略收

缩。美军撤退，结束了东南亚长期存在大规模外部军事力量的状况，也在东南亚地区留下了巨大的权力真空。这在一定程度上加重了该地区安全的不稳定性，也在一定程度上为日本等国介入东南亚安全事务创造了条件。

第二节 冷战后日本积极介入东南亚安全格局

冷战结束后，"政治军事大国化"道路益发成为日本最重要的国家战略。为实现相应目标，日本以东南亚为其国家对外安全战略的核心，开始以积极态度介入东南亚安全事务并推动东南亚地区安全事务的多边化，以域外大国的身份积极介入东南亚安全格局。

一、日本开始以积极态度介入东南亚安全事务

（一）日本政府首脑频繁出访东南亚，并益发重视地区安全事务

日本政坛更迭频繁，但对东南亚地区的重视却始终不变。冷战后，日本历届政府首脑频繁出访东南亚，意图发展与密切与东南亚国家间的关系。而随着日本将介入东南亚政治与军事安全事务当作其冷战后东南亚外交战略的重要组成部分，历次日本领导人的东南亚访问中都充斥了安全方面的内容和考量。

1991年4月日本向海湾地区派遣扫雷舰队。为安抚东南亚各国，时任日本首相海部俊树于同年4月底至5月初出访马来西亚、文莱、泰国、新加坡、菲律宾等五国。本次访问海部借安抚东南亚疑虑之名，向东南亚各方传达了日本"为建立亚洲新秩序竭尽全力"之心。海部一边声称日本的基本防卫政策不会发生变化，一边与东南亚国家探讨日本能为"亚洲的和平稳定"发挥什么作用、如何发挥作用。5月3日，海部在新加坡发表题为《日本与东南亚：追求新时代成熟的伙伴关系》的演说，以超过"经济作用"三倍的篇幅论述了日本如何在与东盟构筑成熟伙伴关系中发挥"政治作用"的问题，并声称："在国际秩序发生重大变化的时代，我感到日本被期望对亚太地区做出更大贡献，这种贡献不单在经济领域，而且也在政治领域。……日本打算在

这个地区扮演一个更为积极的角色。"① 海部此次的东南亚访问暴露了日本在东南亚政治、安全事务中的野心,是冷战后日本首次对东南亚公然发出政治参与、安全合作的诉求与呼声。同年9月至10月,明仁天皇访问泰国、马来西亚、印度尼西亚(以下简称"印尼"),是战后日本天皇对东南亚的首次访问。

海部俊树的继任者宫泽喜一于1993年1月访问了印尼、马来西亚、泰国、文莱等四国,发表了题为《亚洲太平洋时代及日本与东南亚的合作》的演说,提出"宫泽主义"。"宫泽主义"明确提出了日本将加强与东盟的政治、安全保障对话,双边建立安全对话机制,联合推进民主化等内容,被视作日本建立东南亚新秩序的政治宣言。②

1994年6月,社会党人村山富市出任日本首相。尽管党派不同,但村山内阁依旧延续了自民党"重视东南亚"的外交政策。同年8月,村山富市出访菲律宾、越南、马来西亚、新加坡四国,以"谢罪外交"深化与东南亚国家的关系,在政治上收获颇丰。

1996年1月,桥本龙太郎就任日本首相,他格外重视与东南亚国家的关系。1996年3月,桥本访问泰国,11月访问菲律宾。1997年1月,再次出访文莱、马来西亚、印尼、越南、新加坡五国,并在新加坡发表《为迎接日本东盟新时代而进行改革——建立更广更深的伙伴关系》的演说,提出"桥本主义"。"桥本主义"将日本与东盟建立适应新时代的、更广泛且更深入的安全关系置于重要位置,并提出双方将加强在反恐、毒品、环保、粮食、人口等安全问题上的合作。日本与东南亚的安全合作被进一步细化。相较于村山的"谢罪外交",桥本的访问首次忽略了战争责任等历任日本首相访问东南亚必然提及的历史问题,并不再做出日本不做"军事大国"的承诺。日本在东南亚安全格局中的野心日益膨胀并显露。1997年12月16日,第三届日本——

---

① 1991年4月底到5月初,海部俊树访问文莱、马来西亚、泰国、菲律宾和新加坡,在新加坡访问期间发表了题为《日本和东南亚:在新的历史时期寻找一种新的伙伴关系》的演讲,载《东盟经济公报》(英文版),1991年8月。
② 外务省. 外交蓝皮书 [M]. 日本:外务省,1993:170. 转引自:梁云祥. 日本外交与中日关系 [M]. 北京:世界知识出版社,2012:80.

东盟非正式首脑会议时，桥本龙太郎与东盟领导人发表联合声明，强调双方将加强安全保障合作、国防部门的定期协商和军事交流等互动。

1998年底，小渊惠三首相出席在新加坡举行的第四届日本—东盟非正式首脑会议并访问越南，提出了加强日本与东盟关系的四点具体建议，其中就包括与东盟在人类安全保障领域进行合作。此后，小渊惠三于1999年11月访问印尼、菲律宾，2000年1月访问柬埔寨、老挝、泰国，与相关各国在具体的安全合作和安全问题上达成了一定的共识。

在日本历任首相的循序渐进的谋划和努力下，冷战后，日本与东南亚各国开始展开相应的安全合作关系。

（二）以柬埔寨问题为介入东南亚安全事务的突破口

冷战结束前，日本已经改变其谨慎对待东南亚安全事务的态度，而开始以大国姿态主动插手地区安全事务。日本的首要突破点就是柬埔寨危机。1978年越南入侵柬埔寨后，日本就积极介入，试图从政策机制筹划和经济援助方面解决这一危机。① 冷战结束前夕，竹下登提出"为实现和平而合作"的目标，与此同时日本密切关注柬埔寨的和平进程，欲以该问题为跳板，加强与东南亚国家的军事安全方面的合作。

1988年2月，日本外相宇野宗佑在东盟外长扩大会议上宣布日本关于实现柬埔寨和平的方案，并表示日本将派遣非武装人员参加联合国驻柬埔寨维和部队。1990年2月，日本外务省高官前往相应国家进行幕后协调工作，并于6月正式召开由日本主持的关于解决柬埔寨问题的"东京会议"。会议达成了《东京协定》，标志着日本二战后首次在地区冲突中的独立调停获得了各方的广泛承认。日本开始在东南亚政治、军事安全方面发挥作用。此后，日本主动担任了国际援柬联合会主席，并极力促成柬埔寨问题解决。1991年5月，日本首相海部俊树敦促民主柬埔寨联合政府各方代表遵守停火协议，并表示日本将不惜一切努力促使战场上对峙的各派为政治解决争端达成共识。② 1991

---

① 邓仕超. 从敌对国到全面合作的伙伴：战后东盟—日本关系发展的轨迹[M]. 北京：世界知识出版社，2008：117.
② ERLANGER S. A Cease-Fire in Cambodia Disappears in a Few Hours[N]. The New York Times，1991-05-02.

年10月23日,《柬埔寨冲突全面政治解决协定》在巴黎签署。

日本积极参与柬埔寨的和平与重建过程,有着明确的政治、军事、安全目的。如同日本媒体所表示:"日本要以柬埔寨和平为契机,为太平洋地区的和平与稳定做出积极的贡献。"① 和平稳定是表象,借柬埔寨问题,日本开始插手东南亚安全事务,并借口危机需要,在1992年6月经国会通过《关于协助联合国维持和平行动的相关法案》("PKO法案"),并于同年9月派遣600余名自卫队员开赴柬埔寨。至此,日本解除了二战后向海外派遣武装力量的禁忌。日本借助参与调和柬埔寨问题,逐渐获得突破,进而介入东南亚安全事务。

1997年柬埔寨问题的再次升温,是日本介入东南亚安全事务的又一次机会。因此,1997年柬埔寨因第一首相拉那烈王子被罢黜而发生内乱后,就在事态趋于平息的时候,时任日本首相桥本龙太郎却下令自卫队派遣三架大型运输机前往柬泰边境接运日本侨民。日本有意借此次事态向东南亚国家试探日本未来派遣自卫队的反应。1998年2月,日本外务省次官高村正彦针对此次内乱,提出和平建议,并最终促成了柬埔寨新一轮的民主选举。在这次大选中,日本与欧共体共同负担了大选的费用,并在1999年于东京召开的柬埔寨援助国际会议中向柬埔寨提供援助,重新向柬埔寨开放"日元特别贷款"。借助柬埔寨问题的升温,日本又一次在东南亚安全事务中扮演重要的角色。

日本以积极参与柬埔寨的和平进程为起点,开始与东南亚国家展开军事安全方面的合作。

(三)日本与东南亚国家间的传统安全领域交流日益密切

借助柬埔寨问题突破自身禁止海外派兵的安保限制和实现有效的介入东南亚安全事务后,日本整体的防卫思想、对东南亚安全事务的方位战略都开始发生改变。而其中最明显的就是在独立提出方案参与东南亚安全事务后,日本开始以域外大国的身份,积极开展与东南亚国家的军事安全交流。

冷战后,日本与东南亚国家的传统安全领域交流,主要包括安全对话、

---

① Twenty-Fourth ASEAN Ministerial Meeting Kuala Lumpur, 19-20 July 1991: JOINT COMMUNIQUÉ [J]. ASEAN Economic Bulletin, 1991, 8 (2): 221-229.

人员交流、军舰互访、联合军演等双边或多边的军事交流和联系，并且这种交流越来越频繁。冷战后，日本在东南亚安全事务中的活跃程度甚至超过美国。[①] 例如，1995年9月日本防卫厅审议官大森敬治访问印尼、泰国、越南，这是参与制定日本防卫政策的高级官员首次访问东南亚。1997年1月防卫厅次官村田直昭访问东南亚。1998年1月防卫厅长官久间章生访问越南，实现了日越两国国防部门之间最高级别安全对话。同月日本防卫厅出台了扩大与东南亚国家军事交流的方针，除了越南外，日本还积极加强与菲律宾、泰国、马来西亚和印尼等东南亚国家间的军事安全交流，在积极推进武官互访交流的同时，还进行舰队之间的友好访问。

伴随着与东南亚各国军事交流的日益密切，日本对东南亚地区的军事安全合作态度日益积极。柬埔寨问题后，除了积极借助联合国框架参与国际维和等安全合作行动，日本还借助事态，从危机应对、预防冲突和冲突解决等方面推进与东南亚国家间的双边或多边安全合作。冷战后，日本先后参加了柬埔寨、莫桑比克、戈兰高地、东帝汶、尼泊尔、卢旺达等多项联合国维和行动，并多次借用事态，插足东南亚安全事务。如1998年5月印尼发生动乱时，日本防卫厅就借此制订详细的撤侨计划，派遣自卫队飞机和两艘军舰前往新加坡待命。

此外，日本在积极推动与印尼、泰国、越南、菲律宾等东南亚国家推进实质性的安全合作，加强安全磋商、支持东南亚国家发展防卫能力外，也在双边安全合作层面，在海事安全等领域，加强了与相关国家在非传统安全领域的合作。

二、日本积极推进东南亚地区多边安全合作

冷战后，积极推进东南亚地区的多边安全架构是日本基于美日同盟的关系演变、自我地区安全战略、东南亚地区安全形势的重新评估，寻求自身介入东南亚安全事务的主要着力点。

---

① LEAVITT S R. The Lack of Security Cooperation between Southeast Asia and Japan [J]. Asian Survey, 2005, 45 (2): 230.

<<< 第一章　冷战后初期日本对东南亚安全格局的介入

20世纪90年代初,日本提出"日美欧三极主导论",试图以一极的身份主导亚太安全秩序,但随着冷战后日美间矛盾的加深、贸易摩擦的不断、日本普通国家化野心的显现,美日同盟进入"漂流阶段"①。尤其是克林顿执政后,以国内优先、经济优先为基本路线,引发美国全球性的战略收缩。这些都引发并加深了日本"被抛弃的恐惧心理"。因此,日本开始试图以东南亚为其对外安全战略的支撑点,尝试推动以多边安全合作为主的地区安全架构,并在其中积极谋求日本的有利位置,进而介入并主导东南亚安全格局。

首先,日本提出多边安全机制方面的设想。时任日本外相的中山太郎于1991年7月提出在亚太地区建立多边安全对话机制。"中山倡议"被认为是"日本自二战以来首次独自提出的地区安全计划,意味着日本政府大胆地背离了原来的反应型地区安全政策"。②标志着日本开始独立、积极、主动地探索地区安全架构,但"中山倡议"具有明显的排他性,它所倡议的多边安全对话只局限于日本认定的友好国家,而无法真正达到多边安全机制应有的内容和效果。这一不成熟的、具有明显意识形态、对立的多边安全合作机制最终也在东南亚国家的不支持和美国的反对下化为泡影。日本又提出"亚太集体安全体系"构想,也被怀疑有所图谋而被拒绝。随着美日同盟关系的停滞和日本介入东南亚安全格局的野心的勃发,其后在1994年的恳谈会报告中,日本又再次强调,提出建立"多边安全框架"的概念,主张在强化日本自主防卫能力的同时,建立以多边安全合作为主的地区架构。③日本仍不放弃利用多边安全合作架构为自身介入东南亚安全格局提供便利与空间。此后,日本又多次提出多边安全合作构想。如1995年11月,时任日本首相村山在APEC大阪会议上提出将安全问题列入此次会议的议程。1997年,日本提议建立中美日安全对话机制。

其次,日本积极参与地区多边安全合作。日本先后参加了东盟地区论坛、

---

① 冷战结束后,美日同盟一度陷入低潮。船桥洋一在其著作中详述冷战后美日同盟的动摇状态,称其为"漂流阶段"。
② MIDFORD P. Japanese Leadership Role in East Asian Multilateralism: the Nakayama Proposal and the Logic of Reassurance [J]. The Pacific Review, 2000, 13 (3): 368.
③ 日本内閣官房内閣安全保障室. 防衛問題懇談會「日本の安全保障と防衛力のあり方——21世紀へ向けての展望」[C]. 日本: 大蔵省印刷局, 1999: 1-11.

亚太安全合作理事会、亚太经合组织会议、亚太圆桌会议、六方会谈等官方、半官方的多边安全对话机制。在此基础上，日本还积极发起或参与了多次由美国主导的亚太军事演习、联合训练、海上救援等军事交流和合作。日本以积极主动的姿态参加双边、多边安全合作，尝试在东南亚安全格局中建构自我身份。

其中，东盟地区论坛作为东南亚多边安全合作的重点，是日本最为重视的东南亚地区多边安全机制。日本是东盟地区论坛的提议者和积极参与者。早在20世纪90年代初，日本就鼓励东盟国家开展安全方面的对话与合作，进而建议东盟成立一个安全问题论坛。在1991年7月召开的东盟外长扩大会议上，时任日本外相中山太郎提议，以东盟外长扩大会议为框架，在东南亚地区成立一个专门讨论地区安全问题的机制。虽然这一提议是从自身对东南亚地区的战略诉求出发的，但日本相关建议对后来东盟地区论坛的建立产生了重要的影响。在冷战后新的国际局势和东南亚安全形势下，东盟内部逐渐萌生并认可多边安全合作和地区安全自主的重要性。在此背景下，1993年7月，在新加坡召开的第二十六届东盟外长会议后紧接着召开"后续会议"。除东盟6个成员国外，日本、美国、加拿大、澳大利亚、新西兰、韩国和欧盟等7个东盟对话伙伴国家或联盟，以及越南、老挝、巴布亚新几内亚等3个观察员国和中国、俄罗斯两个贵宾国参加了会议。会议确定在东盟及其对话国的基础上建立"东盟地区论坛"，并以该论坛作为东南亚地区多边安全对话的主要形式。1994年7月第二十七届东盟外长会议后，首届东盟地区论坛会议正式召开。东盟区域论坛正式成立后，日本对其给予高度评价，并作为对话伙伴国积极参与其中。

多边关系、区域合作、建立安全机制是冷战后国际关系发展的基本趋势。为了应对冷战后复杂的地区安全形势，东南亚国家以东盟为平台加快了多边安全合作进程，并创立了东盟地区论坛，以此作为东南亚集体安全保障机制。东盟地区论坛的建立为东南亚国家及域外大国提供了研究探讨切合实际的地区安全合作途径提供了可能。在域外大国多边安全合作机制领导权归属上的互信博弈中，东盟在东南亚安全格局中的地位和重要性获得了提升。东盟地区论坛下的各种安全规则和安全对话逐渐成为东南亚地区安全合作的主要行为模式和约束规则。东盟地区安全论坛削弱了单极主导东南亚的战略野心，平衡了域外大国在东南亚的影响力，维护了东南亚安全形势的和平与稳定，重塑了东南亚地区的安全格局，对保障东南亚乃至东亚安全都有重要的意义。

东盟地区论坛作为亚太形成的第一个区域性安全对话机制，和东盟外长会议、东盟外长扩大会议一起，并称为"东盟三会"，是东南亚国家利用多边安全合作努力实现独立自主的安全防卫的重要安全机制，是东盟安全战略的核心之一。时至今日，东盟地区论坛仍然在东南亚安全格局中发挥重要作用。日本十分重视对东盟地区多边安全机制的构建与参与，期望在其中发挥更大的作用，并通过相关安全机制与东盟各国开展多边安全合作。日本提出建议并积极参与其中，客观来说对东南亚地区多边安全机制的建立是有一定的推动作用的，但不能忽视的是，日本在多边安全机制的构建中，有其重要的战略意图。在地区多边安全合作的框架下，被纳入多边安排的日本可以以一种较能为东南亚国家和域外大国接受的方式参与东南亚安全事务，在一定程度上提升自己的影响力并在东南亚安全格局中发挥更大的作用。归根结底，日本希望借助多边安全架构，建立对自己有利的地区安全格局。

三、美日同盟的再定义为日本介入东南亚安全格局提供新契机

日美在安全领域的争执与和解，是冷战后决定日本东南亚安全战略的最直接的影响因素。经过美日同盟的重新定义，日本获得了参与东南亚安全事务的明确的美国认证。同时，经历过漂浮期后，日本意识到美日同盟的加持对其介入东南亚安全格局的重要性，而更加重视同盟关系，并在巩固、提升同盟关系的基础上利用同盟体制插足东南亚安全事务。

（一）美日同盟的漂流期，使日本正视并明确同盟体系的重要意义和作用

伴随着冷战结束，日美将苏联作为假想敌的同盟战略失去意义。"随着东西对立的消失，'同盟关系'这一规定日美关系的政治条件说服力减弱。"[①]美日同盟根基动摇，呈现出停摆的"漂流"状态。日本开始显露出的政治、安全方面的野心，引起美国的警惕。加之两国经贸摩擦不断和日本对美国贸

---

① 外务省.外交青书：第35号[M].日本：大藏省印刷局，1991：1-11.

易顺差的不断拉大，美国开始将日本视为经济上的威胁①，经济矛盾加剧也给美日关系带来了一定的负面影响。冷战结束之初，老布什政府甚至将防范日本力量增长视作美国亚太战略的重要课题②，并提出具有一定遏制日本意味的"世界新秩序"战略。在此之下，美日同盟进入漂流期。

如前所述，在美日同盟的漂流期，日本通过频繁和东南亚展开外交关系，参与地区冲突事件，加强与东南亚国家的双边安全合作及积极推进和参与地区多边安全框架的建构来介入安全格局。日本做出了诸多的努力，但现实却让日本越发认识到，没有美国的支持，日本始终只能"有限地介入"，而要进一步介入东南亚安全格局，则必须要借助同盟体系和美国的支持。

从地缘因素来看，日本的国家安全是相对脆弱的。日本国土面积狭小、战略资源匮乏、地缘环境较为恶劣，因此从自身安全出发，日本必须要保证其东南亚海上生命线的安全。同时，日本对"正常国家"的政治目标愈发渴望。这也是为什么冷战后日本经济不振，却从未松懈过军备建设方面的努力的原因。90年代以来，日本一直保持国防费用总额世界第二、人均国防费用世界首位的状态。冷战后日本发布的第一份《防卫计划大纲》于1995年出台，也表现出明显的军事发展企图和扩军计划。不管是从自身国家安全考虑，还是从实现"正常国家"的政治目标来说，美国都是日本最可以利用的最佳的战略资源。

此外，无论是日本不顾舆论的强烈反对向波斯湾派兵参加扫雷行动，还是其后参加联合国在柬埔寨的维和行动，抑或日本积极插足东南亚安全事务的多项举动，都引起东南亚国家和其他相关国家的防范和警惕。对日本来说，美国的认可和美日同盟体系的加持，对其介入东南亚安全格局来说是最恰当的打开方式，也是最能被东南亚国家和其他相关国家所接受的方式。

在以上考量之下，日本的东南亚安全政策进入一个大幅度调整和动荡的时期。其突出的特点就是以成为正常国家为主要动力，以美日军事同盟为依托，不断强化军事力量，有效地利用美国力量和同盟体制的掩护，"借船出

---

① NYE J S, JR. Coping with Japan [J]. Foreign Policy (Winter), 1992-1993 (89): 98.
② 吴心伯. 冷战结束之初美国亚太安全战略的转变 [J]. 美国研究, 2002 (3): 50-65, 4.

海"积极介入东南亚安全事务，并争取扩大在东南亚安全事务中的发言权和影响力。

（二）美日同盟的再定义为日本参与东南亚安全事务提供了明确的"身份证"

在日本对同盟体制的深刻认识和有意改善的同时，美国也越加重视日本在冷战后美国的同盟体制中所能发挥的重要作用和对美国的全球战略来说不可替代的重要意义。和老布什不同，继任者克林顿更重视同盟国的安全合作关系，希望盟国能够在美国的全球战略中扮演更有价值的角色。伴随着东亚在亚太格局中重要性的提升和美国的战略东移，克林顿从冷战后亚太地缘安全形势和美国维持霸权需要出发，重新对美日同盟进行了定义和强化。

1996年4月，克林顿访日，双方签署《美日安全保障联合宣言》，标志着美日同盟的重新定义。美日同盟从单纯的防御同盟转变为对亚太地区安全事务进行干预的外向型同盟。1997年9月，双方修订《美日安保防卫合作指针》，美日防卫合作范围扩大，合作也更加具体化。① 美日同盟关系得到强化。美日同盟从"漂浮"到再定义，成为日本积极参与东南亚政治和安全事务的重要助力，对日本和东南亚安全格局都产生了显著的影响。

在美日同盟的重新定义中，美国赋予了美日同盟全新的功能和价值，日本在美日双方安全合作中获得了和美国同等的伙伴关系，激发了日本在军事和安全事务上的野心。一方面，日美合作范围扩大，为日本干预周边地区安全事务提供借口。20世纪90年代中后期，日本更加频繁地插手东南亚安全事务。另一方面，日本政府相继提出《周边事态措施法》《自卫队法修正案》《日美相互提供物资与劳务协定》等修正案，在法律上强化美日同盟的同时，拉开了日本军事大国化的序幕。

对东南亚安全格局而言，美日同盟的加强，意味着美国对东南亚地区的重视和回归。1998年美国国防部的《东亚安全战略报告》和1999年克林顿的《新世纪国家安全战略报告》，都对东南亚予以极大重视。美国宣称"在亚太地区再没有比美日关系更重要的双边关系了，美日同盟是美国亚太安全政策

---

① 新日美防卫合作指针（全文）[EB/OL]. 百度百科，2005-02-21.

和全球战略的基础"。在美日同盟的确认下，美国对东南亚恢复了全面接触和介入的政策。在美日同盟关系的提升下，日本还加强了与美国的亚太盟友间的安全合作，推动了美国在亚太的双边同盟多边化，逐渐在地区构建起美国盟国间的"多辅型地区安全合作框架"①，对东南亚安全格局产生深远影响。另外，美日同盟的重新定义，使日本在东南亚安全格局中的战略作用问题更加凸显出来，美日军事同盟转变为防止地区冲突的"主导型"同盟和日本军事大国化序幕的拉开，引发了东南亚国家的疑虑和担心，诱发东南亚国家的军备竞赛，破坏东南亚地区的安全环境，加深了东南亚安全格局的复杂性。

在日本以积极态度介入东南亚安全事务下，在美日同盟的漂流期，日本以积极态度参与并支持地区多边安全框架的构建下，在美日同盟的再定义、美日同盟关系的提升和日本以同盟体制进一步插足东南亚安全格局的战略下，日本逐渐形成初步成熟的东南亚安全战略模式构建，即强化巩固同盟，注重双边安全合作，以一极姿态积极参与地区多边安全合作框架这三个层次共同构成的介入东南亚安全格局的"多层次结构模式"，并以此"多层次结构模式"为基础，日本初步介入了东南亚安全事务，在东南亚安全格局中获得一极身份。

第三节 亚洲金融危机与东南亚经济安全

不考虑经济发展与经济因素的任何有关安全的讨论都是空谈。② 日本将经济实力视为其获得国际政治权力的最重要的源泉。鉴于日本与东南亚冷战前的密切经济合作和联系，冷战后，日本以经济安全领域为东南亚安全格局的主要切入点。日本对东南亚地区安全的介入与经济安全问题密切相关。

---

① 日本国际论坛. "构筑东亚安全保障合作体制"的政策咨询报告[N]. 世界周报（日本），2002-12-31.
② 霍克. 东亚的经济安全与中国的使命[J]. 战略与管理，1998（1）：5-9.

一、冷战后日本延续"经济中心主义"导向

鉴于侵略战争给东南亚国家带来的伤害,战后日本大多依托经济合作与东南亚国家发生关系。冷战时期日本外交采取的重要手段就是"经济中心主义",在经济立国的方针之下,日本借助自身的经济优势与经济资源,积极利用经济援助和区域经济合作等方式,在东南亚地区安全中保有自己的一席之地。从20世纪80年代开始,日本就积极推动区域经济合作,并同澳大利亚一起提出亚太经济合作组织的构想。在此基础之上,日本主张在东南亚地区充分发挥经济合作促进地区稳定的安全框架。另外,日本一再表示对外经济援助是其承担大国责任的重要方式。冷战结束前后,日本进一步加大了对东南亚国家的援助力度,试图在东南亚国家中确立自身有担当的"大国形象",拉近自身与东南亚国家的关系。如1991年日本《外交蓝皮书》所言,日本必须在亚太稳定与发展中起到中心作用。[①] 归根结底,不论是经济援助还是区域经济合作,日本都希望凭借其世界第二经济大国的经济优势,逐渐摆脱其"政治矮子"的固有形象,谋求东南亚地区安全合作框架中的核心地位。

冷战后,经济安全日益受到重视。东南亚地区经济的持续高速发展,使区域外大国和跨国集团纷纷涌入并展开角逐。地区内由于经济利益和贸易摩擦所引发的矛盾和冲突与日俱增。同时,东盟在经济的快速发展下,也面临着内部的竞争压力和外部的诸多威胁。东盟国家经济发展不平衡,美日在地区内的经济霸权,中国、印度的对外开放,北美自贸区的启动,都使东盟倍感压力。东盟逐渐感受到自身在经济安全方面所面临的威胁与挑战。经济安全逐渐成为影响东南亚地区安全格局的重要问题。日本在东南亚有巨大的经济利益,日本与区域外大国争夺东南亚市场的竞争日益激烈,在东盟保护自身经济安全的压力下,日本密切关注东南亚经济安全问题,试图以此维护自身在东南亚的经济利益,进一步介入东南亚安全格局。

此外,日本经济优势呈现弱化,也使得日本日益重视经济领域的外向合作。20世纪90年代,日本经济快速发展下的体系弊病逐渐显现。在内部,日

---

① 日本政治大国的背景、理念与论争 [EB/OL]. 中国日报网,2004-05-26.

本自民党统治的结束和"政商体系"对其经济发展的阻碍，使得日本国内经济体制改革势在必行；在外部，来自周边新兴国家的竞争压力，也使得日本日益重视自身的经济转型。在此背景之下，日本日益重视区域经济合作，并寄希望能够在区域经济合作的进程中，进一步发挥自身在政治和地区安全上的领导作用。

二、日本与东南亚发展经济关系背后的安全考量

（一）金融危机前

金融危机之前，日本凭借自身的经济实力，向东南亚国家提供了大量的资金援助和投资。冷战结束后，随着美国在东南亚地区的战略收缩，美国对东南亚国家的经济援助逐渐减少，但日本仍将东南亚视为最重要的援助区域，柬埔寨、越南、菲律宾、印尼、马来西亚、泰国等都是日本对外援助的主要国家。[①] 日本的对外援助充斥了明显的政治、外交、安全内涵。日本希望通过柬埔寨问题介入东南亚安全格局，遂将对柬埔寨的经济援助视为其扩大地区影响力、参与东南亚地区事务的重要手段。在此基础之上，日本从1992年起三次组织并领导了柬埔寨复兴国际委员会，主办了1996年的柬埔寨援助国际会议，开始以区域外大国身份逐渐介入东南亚安全事务。

除了对外援助外，日本逐渐在东南亚建立起以自身为中心的产业分工结构，即日本从东南亚国家进口廉价原材料，并向他们输出资本和加工产品。[②] 80年代中后期，日本对东南亚国家的直接投资和援助额开始超过美国。除日本在和东南亚国家的经济交往中获利颇丰外，东南亚国家也相应扩大了出口，开启了工业化发展的脚步。此时，日本抢夺东南亚地区经济利益和参与安全事务的野心逐渐显现，甚至在美国尚未解除对越南经济制裁的情况下，于1992年提出将向越南提供大量的商业贷款。

最后，如前所述，日本在国内经济的现实情况下，开始一改以往对区域

---

① OKUIZUNI K, et al. The U. S. -Japan Economic Relationship in East and Southeast Asia [M]. Washington D. C.: The Center for Strategic and International Studies, 1992: 125-126.
② CRONE D. Does Hegemony Matter? The Reorganization of the Pacific Political Economy [J]. World Politics, 1993 (7): 501-525.

一体化的暧昧态度。日本寄希望于通过区域经济合作推动自身经济体制改革，走出经济困境。也希望能够在构建区域共同体的地区合作进程中，发挥自身在经济、政治上的领导作用。

（二）金融危机之后

金融危机严重削弱了东南亚国家的实力，暴露出东盟内部的诸多问题。东盟不得不以较低姿态来应对国际事务。日本利用这个有利时机加强了对东南亚的经济渗透和扩张，并希望能通过发展与东盟的经济合作关系来进一步增强其在政治、安全领域的话语权与影响力。

首先，日本加大了对东南亚国家的经济援助力度。除了通过国际货币基金组织、世界银行、亚洲开发银行等机构援助受灾国家外，日本还先后提出了《亚洲援助方案》和"新宫泽构想"。除了巨额的援助方案外，日本还提议建立亚洲基金，用于对遭受危机的国家进行中长期财政援助和提供地区短期流动资金。日本的援助方案、"新宫泽构想"等均得到了相关各界的广泛肯定。此后，日本向东南亚国家进行了各种形式的援助，并通过"新宫泽构想"为泰国、印尼、马来西亚、菲律宾等国提供了较大数额的中短期贷款及贷款担保。日本认为自身在金融危机期间向东南亚提供的各种援助可以比肩马歇尔计划，并自诩为"帮助东南亚国家恢复经济的最大的支持者"[1]。

其次，日本加强对东南亚的投资。据统计，1996年至2001年间，日本流入新加坡、印尼、马来西亚、泰国和菲律宾等国的总投资额超过200亿美元。[2] 在金融危机背景下，东盟对日本的投资高度肯定，并认定日本是东盟各国最重要的贸易伙伴。东盟各国对日本投资、技术和市场的依赖持续加强。

最后，日本提出"亚洲货币基金"等加强亚洲国家经济独立性的倡议。虽然在以美国为首的西方国家的阻挠下夭折，[3] 但该倡议得到了许多东南亚国家的赞成和积极支持，日本在东南亚的声望和影响力得以提升。

---

[1] 小滨裕久. 亚洲经济危机和日本的支援 [J]. 司韦, 译. 南洋资料译丛, 1999 (2)：1-9.
[2] 林双吉在第二十五届东盟与日本商业会议上的发言 [N]. 联合早报, 2002-10-11.
[3] 美国坚持强调国际货币基金组织的作用，最终于1997年11月19日在亚太14个国家和地区中央银行副行长和财政部副部长会议上达成由国际货币基金组织主导的亚洲地区金融合作协议。

国际经济关系具有国际政治的功能，日本将与东南亚发展经济关系视为其实现政治目标的有效手段，日本在金融危机中的经济作为具有明显的政治内容。1998年小渊惠三提出加强日本与东盟关系的相关建议，就在承诺日本将在三年内向东盟各国提供总额6000亿日元的经济援助下，要求加强与东南亚在人类安全保障领域的合作。① 此外，日本在金融危机后重点增加了对东盟新成员国越南、柬埔寨、老挝和缅甸等国的经济援助，也表现出明显的政治、安全考量。

三、金融危机为日本提供了介入东南亚安全格局的更多可能

1997年的亚洲金融危机使东南亚的安全格局发生重大变化，也为日本提供了介入东南亚安全格局的更多可能。

首先，日本与东盟的关系得到显著提升。除了日本与东盟的经济合作持续深化外，东盟对日本的固有观念也得以改善，越来越多的东盟国家欢迎日本在东南亚的政治与安全事务方面发挥作用。1997年3月下旬，马哈蒂尔在日本早稻田大学发表演讲时就表示，希望日本能够承担区域领导责任，在东亚地区发挥更重要的作用。②

其次，金融危机下，东盟安全重心向美日倾斜。美日同盟的重新定义和东盟对美国依赖的加强，改变了东南亚安全格局的态势。金融危机加重了东盟对美国的依赖，这种依赖体现在安全、经济、政治等诸多领域。尤其是安全领域。经济危机使东南亚各国军费紧张，这在一定程度上有利于地区军备竞赛的降温，但也加强了东盟各国安全上对美日势力的依赖。危机后，东盟明显地加强了与美国的军事合作，东盟安全重心向美日倾斜。美日同盟安全合作的加强，阻挠了地区安全合作的步伐。在外部势力下，东盟地区论坛的地位也遭到挑战。

再次，金融危机后，东南亚安全格局中的中国因素开始显现。金融危机

---

① Prime Minister Obuchi's Four Initiatives for Japan-ASEAN Cooperation toward the 21st Century [EB/OL]. Ministry of Foreign Affaires of Japan，1998-12-17.

② MOHAMAD M. The future of Asia and the Role of Japan：Challenges of the 21st Century of Youth [Z]. Tokyo：Waseda University，1997-03-27.

中中国声望得到提高，日本与东盟关系中增加了中国的因素，日本视中国为争夺东南亚主导权的主要竞争对象。东盟安全战略加重对美日的依赖，在一定程度上破坏了中美日三国在东南亚地区的战略平衡。中美日三角关系的平衡对东南亚安全格局有至关重要的作用。三角平衡的倾斜和破坏，必将对东南亚安全局势产生不利的影响。

从次，我们也应该注意到，金融危机加剧了美日对东南亚经济领导权的争夺。作为区域外大国，金融危机对美国来说是扩大其在东南亚经济中影响力的难得契机。冷战后，东南亚腾飞的背后是美国等西方国家渴望的巨大的经济利益。日本在金融危机中，无论是国内经济还是在东南亚地区的投资都受到了较大的损失，经济实力有所削弱。相比危机之前，东南亚国家对美国的经济依赖加强，对日本的信任却有所减弱。在此情况下，美日在东南亚经济中的领导权争夺问题日益凸显。美日经济领域的矛盾成为东南亚经济安全中的不确定因素。

最后，1997年的金融危机是地区主义最重要的推动力量[1]，同时也是东南亚区域经济一体化的重要催化剂。金融危机对经济的重大打击，使东盟国家深刻感受到加强地区经济合作的重要性。1997年12月，"东盟—中日韩领导人非正式会议"[2]在吉隆坡召开，东亚区域合作迈出具有实质意义的步伐。与会各方均要求加强地区合作，并约定每年召开一次会议，初步确立以"10+3"为主渠道的东亚区域合作框架。在地区主义下，"10+3"框架为日本提供了另一个追求东南亚安全领域主导权的舞台。

总体来说，日本在金融危机中提高了自身在东南亚安全格局中的影响力。金融危机前，日本对东南亚经济安全的参与呈现较单一的形式，即日本为东南亚国家提供经济援助和直接投资，以此换取东南亚国家的信任与支持。金融危机为日本提供了主导东南亚经济安全的更多可能。伴随着参与机会的增多与参与机制的确立，日本的野心日益膨胀。各种矛盾凸显下，东南亚安全

---

[1] RATANAK H. ASEAN Plus Three: A New Formal Regionalism in East Asia, East Asian Co-operation: Searching for an Integrated Approach [M]. Beijing: World Affairs Press, 2004: 67.

[2] 当时是"9+3"，柬埔寨在1999年加入东盟之后改称为"10+3"。

格局也变得更加复杂。美国愈发重视东南亚地区，东盟各国在依赖美日与区域合作中两手应对，这些都使日本在东南亚安全格局中有更大的可能和发挥空间。

第四节　日本全面推进海洋战略

冷战后，日本越来越重视海洋战略，呈现出明显的海洋立国的倾向，而同一时期，东南亚各国的国家战略重点也由陆地转向海洋。日本从经济、政治、安全等多个领域介入东南亚海洋事务。在经济上，日本深化海上经济合作、突出在东南亚经济上的领导力；在政治上，日本以日美联盟为依托，从综合性安全合作入手，壮大阵营力量；在军事、安全上，日本提升海洋危机应对能力、强化海洋军事存在。日本在东南亚海洋事务中扮演越来越重要的角色。冷战后，日本全面推进海洋战略对东南亚安全格局中的传统与非传统的安全命题来说既呈现出一定的解决态势，也存在相当的安全挑战。

维护海洋安全，是日本海洋战略的基点，而东南亚海洋安全对日本的国家安全来说意义重大。东南亚海上通道是日本"海上生命线"最重要的部分。日本的重要战略物资绝大多数都要通过东南亚海上通道。因此，日本密切关注东南亚海洋安全，尤其是南海海域和马六甲海峡作为东南亚海上通道最关键的节点，日本对相关问题态度十分积极。

一、积极关注、有限介入南海问题

日本积极关注南海问题。除了国家综合安全考量外，南海问题被日本视为其介入东南亚安全事务、加强东南亚政治影响的突破口之一。日本对南海争端的介入始于中菲美济礁事件。1995年2月，中菲围绕美济礁问题发生摩擦，日本采取积极介入的态度，试图充当调停人的角色。在1995年8月举行的第二届东盟地区论坛外长会议上，日本积极推动将南海问题纳入论坛议程中讨论，并以"维护航行自由"和"和平解决南沙争端"为名表达了日方意见。此外，日本还曾试图主导并主办由印尼发起的"南中国海潜在冲突研讨会"，遭到印尼拒绝。① 日方强调多边安全合作、在东盟地区论坛的框架中和平解决南海问题，是希望能够利用多边渠道发出自己的声音，扩大自身在南海问题上的影响力。

同一时间美日同盟出现不断强化的趋势，日本声援美国发表的《南中国海声明》，并开始依靠美国势力。美日同盟的再定义中也包含双方对南海问题的考虑。"周边事态"的模糊概念明显涉及南海问题，而1998年2月美菲达成《访问部队协议》后，日本也明确表示欢迎美军重返菲律宾。

美日同盟的加强，为日本介入南海问题增加了助力，但这一时期，日本对南海问题的介入是相对克制的。日本并没有对自身在南海问题上扮演的角色进行具体的设定，也没有对当事国提出明确的批评指责，更是对军事介入采取明显的回避态度。

二、主导马六甲海盗问题治理

冷战后美苏军舰的大幅减少，便利了海盗的生存空间。东南亚经济危机、经济下行，使部分海峡贫民迫于生计加入海盗队伍中。马六甲海峡、印尼等地的海盗文化，间接助推了海盗行为。② 因此，20世纪90年代中期后，东南亚海盗问题日益凸显，而东南亚海上通道能否通行无阻，直接关系日本的经济安全和国家安全，因此日本积极介入马六甲海盗问题。

早在1968年，日本就成立了"马六甲海峡协议会"，对马六甲海峡沿岸国家提供援助。1995年，日本《防卫计划大纲》将海上自卫队的活动范围扩大到2000海里，马六甲海峡等重要海上交通线节点的保护，已然被纳入日本的防卫计划之内。日本防卫厅研究所于1996年最早提出了海上安全机制的新概念——海上维和（Ocean Peace Keeping，以下简称OPK）。1997年，日本提议由多国海上力量联合巡逻国际水域及特定的非国家水域。1998年，日本提出OPK构想的具体化解读及OPK行动与区域安全保障机制的关系。在美日同

---

① LAM P E. Japan and the Spratlys Dispute: Aspirations and Limitations [J]. Asian Survey, 1996, 36 (10): 1007-1008.
② 関根政美，山本信人. 海域アジア [M]. 日本：慶応大学出版会，2004：63-89.

盟再定义的前提下，海上维和设想使日本成为在东南亚海上行动中能够配合美国的参与大国，①但此时，日本对马六甲海盗问题的介入仍停留在援助和设想倡议阶段。

1999年日本货轮阿隆德拉·彩虹号被海盗劫持事件，成为日本官方正式介入马六甲海盗问题的标志点。日本开始在东盟会议上呼吁将海盗问题纳入重点议题②，提出多个东南亚海上通道安全保障的倡议，并主持召开多次国际反海盗会议。在日本的倡导下，2000年3月，"反海盗对策国际会议"在东京召开。东盟10国、中、日、韩、印度、斯里兰卡、孟加拉国等16国参会。与会各国代表就海盗问题深入交换了意见，在情报共享、应对救援、警备交流、技术人员培训等方面达成共识，并最终签署《2000年亚洲反海盗面临的挑战》（《东京宣言》）这一纲领性文件。这是亚洲各国第一次就海盗问题签署的多边声明，也开启了海盗问题的国际多边治理进程，一定程度上弥补了海盗问题上各国合作的缺失和不足。同年11月，日本海上巡逻舰访问印尼、马来西亚，并进行海上联合训练，之后，日本与海峡沿线国家的海上安全训练成为惯例，日本与东南亚国家的双边海上安全合作取得一定成效。日本初步获得马六甲海盗问题治理的主导权。③

重视海洋战略，是国家利益和介入东南亚安全格局的诉求的必然选择。无论是介入南海问题，还是参与马六甲海盗的治理、保障海上通道安全，都体现了日本在东南亚安全格局中的战略诉求。此后，日本益发重视构建有利于自身的东南亚海上安全框架，并在与东南亚国家的海事合作和对南海问题的插足中，有效地介入了东南亚安全事务。

---

① TAKAI S, AKIMOTO K. Ocean Peace Keeping and New Roles for Maritime Force [R]. Tokyo: National Institute for Defence Studies, 2000: 75.
② BRADFORD J F. Japanese Anti-Piracy Initiatives in Southeast Asia: Policy Formulation and the Coastal State Responses [J]. Contemporary Southeast Asia, 2004, 26 (3): 490-491.
③ 王竞超. 日本对马六甲海峡海盗治理事务的介入进程及模式研究 [J]. 太平洋学报, 2017 (6): 33-43.

第五节　冷战后东南亚安全格局重构中的日本角色

冷战后，在各方力量的变化和不同战略考量中，东南亚安全格局被明显重构。在各力量中心重构东南亚安全格局的过程中，东南亚地区逐渐形成多边安全合作的局面。日本抓住东南亚地区秩序重建的契机，希望能在东南亚安全格局中重建国家身份、重塑国家利益。

一、东盟"地区主义"下的大国均势

（一）冷战后东盟地位提升，逐渐发展成为东南亚安全格局中的重要力量

东盟作为冷战产物，最初就是从东南亚地区安全问题中演变而生的，所以，安全问题一直是东盟最关心的核心问题。冷战后，东盟逐渐发展为区域安全格局中的重要力量，主要有以下几方面的原因。

第一，两极在东南亚对抗的结束，使东南亚地区出现"政治真空"[①]。区域内外部军事力量的撤退使地区安全变得不稳定和充满不确定性。泰国国家安全委员会秘书长乍兰·军拉瓦涅称，"在近代史上，我们从未有过像今天这样多的选择，与此同时，我们也从未陷入过这样多的需要摆脱的困境"[②]。20世纪90年代初东南亚国家间出现了军备竞赛。力量失衡加大了东南亚安全格局的复杂性。东盟不仅需要警惕日本、中国、印度等亚洲大国趁机填补安全真空，又需要防范来自外部的新的不稳定的安全挑战。在国际格局重组下，东盟意识到自身要承担起维护东南亚地区安全的重任。东盟开始寻找自身的地区安全视角。

第二，冷战后，全球"地区主义"崛起，东南亚地区主义也随之抬头。东南亚各国开始有意识地提升自身的独立性，期待自己能够在地区事务中发

[①] 武桂馥，郭新宁. 新世纪初亚太战略纵横 [M]. 北京：国防大学出版社，2004：271.
[②] 王义桅. 东盟的安全政策及其实施 [J]. 当代亚太，1999 (2)：30-35.

挥更大的作用。① 东南亚各国在东盟合作中以民族利益为先的做法也有所改变。安全危机下东南亚各国萌发出新的安全理念，东南亚各国逐渐重视起地区安全合作对提高区域抵抗力的作用，1995年越南加入东盟，在政治、经济、安全的多重利益下，东南亚地区由内部对抗走向合作。在"地区主义"的激发下，安全合作、追求东盟地区的共同利益逐渐成为东南亚各国的共识。东南亚各国国家利益同地区利益逐渐交融。

第三，多边安全机制成为和平发展的时代主流，体现多数国家的意愿。在地区内构建有效的多边安全机制框架，并在多边框架下交流和合作，可以对各方产生约束作用，在一定程度上遏制霸权主义，促进东南亚地区安全格局的和平和稳定，也在一定程度上提升了作为地区多边安全机制主体的东盟在安全事务中的话语权和影响力。冷战后，在东南亚地区建立的多边安全框架下进行的地区多边安全对话与合作，对东南亚地区的安全形势产生了积极的影响，直接提升了东盟在地区安全格局中的地位。

此外，东盟内部从对抗走向合作，也为东盟提升地区安全合作中的地位提供了有利的客观条件。1991年10月柬埔寨问题解决，标志着东盟与印支两大集团的抗衡斗争格局瓦解。随着1995年越南，1997年缅甸、老挝，1999年柬埔寨加入东盟，东盟国家的内部安全情况得到改善，东盟与印支两个集团走向合作，为东南亚地区安全奠定了坚实的基础，也从根本上提升了东盟在东南亚地区的重要性。

冷战后，东盟突出自身地位、主导地区安全事务的理念日益明显。20世纪90年代，东盟逐步构建"安全合作"的观念，致力于增强地区凝聚力，逐步成长为具有国际影响力的地区组织。在提升东盟国家整体安全意识，促进东盟内部团结合作外，东盟还通过开展与区域外大国的多边安全对话，增进互信，建立多边安全保障机制，缓解地区紧张局势。东盟在解决"柬埔寨问题"中发挥了重要作用，提高了自身的国际影响力和对地区安全事务的话语

---

① 马丁·L.拉萨特.超越遏制：90年代美国的亚洲战略［J］.刘世龙，译.美国研究参考资料，1993（1）：7.

权。① 创立东盟地区论坛，构筑以东盟为核心的亚太安全机制，东盟争取能够主导地区安全事务，并在东南亚一体化思想的萌发下产生新的地区安全理念，提出东盟安全共同体的设想。在全球体系中，东南亚各国历来处于从属地位。冷战后，在地区安全形势和"地区主义"的兴起下，东盟逐渐成为影响区域安全格局的重要力量。

（二）东盟对待日本介入东南亚安全格局的态度

频繁受到外部势力的干预与控制，使东南亚国家格外关心国家安全和地区安全，也造成了东南亚各国在安全问题上较为敏感的心态。东盟对待日本介入东南亚安全事务始终抱有两面性的态度。

由于日本的侵略历史，东南亚各国本就对其保有戒心。冷战后的地区力量真空，加上日本对国际事务的异常积极的表现，使东盟警惕日本对地区安全事务的介入。新加坡前国防部长杨林丰指出，"如果美国势力衰退，日本可能取而代之，填补真空。东盟各国正密切观察日本自卫队今后可能扮演的角色"②。李光耀也认为，日本如若介入东南亚军事真空，必将触动韩国、中国，乃至印度，"如果出现这种局面，其后果将是动荡不安和灾难深重的"③。因此，当1991年4月日本决定向波斯湾派遣扫雷舰队时，就引起了东南亚各国的广泛关注和担忧。东南亚国家担心日本以武力卷入和平的行动中去。④ 1992年日本通过"PKO法案"后，东南亚国家更担心这将为日本增强对区域的军事影响提供转机，故表态要求日本向海外派遣自卫队仅限于维持和平行动。1997年，修改后的"美防卫合作指针"将"周边事态"的地理区域扩大，更引起了东盟的警惕。东盟表示"不希望看到任何与日本有牵连的军事

---

① TUNG N V. Vietnam's Membership of ASEAN: A Constructivist Interpretation [J]. Contemporary Southeast Asia, 2007, 29 (3): 493-495.
② 原载新加坡《联合早报》1992年6月10日，转引自：曹云华. 中国与东盟的安全 [J]. 东南亚研究，1995 (1): 7-9.
③ 原载新加坡《联合早报》1991年11月24日，转引自：曹云华. 中国与东盟的安全 [J]. 东南亚研究，1995 (1): 7-9.
④ WOOLLEY P J. Japanese Minesweeping Decision: An Organizational Response [J]. Asian Survey, 1996, 36 (8): 804-817.

组织",明确反对日本在东南亚发挥军事作用。①

但日本又是东盟所不得不依赖的亚洲大国,日本与东南亚保持着密切的经济联系。20世纪90年代中后期后,日本更是取代美国,成为东南亚各国的第一大外部投资国。凭借经济关系和冷战时日本在东南亚建立起的人脉网络,东南亚各国普遍对日本在东南亚政治领域发挥与其经济地位相符的大国作用表示欢迎。菲律宾前外交部长表示:"日本与东盟的地区合作必须超越经济领域,应该包括和平与安全事务。"②新加坡学者布孚兴达·辛哈曾表示:"最近,越来越多东盟国家正在接受这一观点,即东盟应该加强与日本的政治与安全合作关系。"除了双边的安全合作安排之外,东盟也同意日本在东南亚多边安全合作机构,如东盟地区论坛中扮演积极角色。此外,东盟还欢迎日本在其他地区安全事务中发挥积极的作用,例如维持和平、预防外交、防止核武器扩散等。③ 在"中国威胁论"下,东盟希望日本能和美国一起平衡中国,使中国对地区的影响力不至于过分膨胀,也寄希望于日本能够与中国一起致力于区域合作与发展,防范美国完全掌握东南亚事务。

这种"爱恨交加"的两面性态度,催生并滋长了东盟的"大国均势"战略。东盟欢迎日本与东南亚国家深化经济合作,也欢迎日本在政治领域发挥应有的作用,但东盟防范日本,惧怕日本军事介入东南亚安全事务,反对日本在东南亚区域内的任何武力行动。正如李光耀所说的:"宁愿让日本人集中全力去提高清晰度电视的研究,而不要去磨武士剑。"④ 在经济上高度依赖日本的印尼,担心日本利用其经济上的支配地位在安全事务上操纵印尼。因此,印尼有学者主张:"日本不应该通过用直接的军事存在的办法来保护其本区域

---

① 阎学通. 中国与亚太安全 [M]. 北京:时事出版社,1999:220.
② KAUR H. Ensuring We're Not Bitten by the Same Dog Twice [N]. New Strait Times, 2000-10-03.
③ SINGH B. ASEAN's Perceptions of Japan: Change and Continuity [J]. Asian Survey, 2002, 12 (2): 293-294.
④ 李光耀接受美国《环球观点》编辑内森·加德尔斯采访时的谈话 [N]. 联合早报, 1992-12-24.

的海上运输线。应该通过与本区域的合作,使其海上运输线的安全得到保障。"① 这都反映了东盟各国希望日本以安全合作的形式,而不是军事存在介入东南亚安全事务的普遍心理。

冷战后,美国仍被东盟视为维护地区安全的主要保障。部分东盟国家在感觉自己的安全受到威胁时,选择了跟从美国的安全战略。菲律宾、马来西亚、新加坡等国支持美国驻军,而泰国、印尼等反对美国驻军的国家,也积极寻求与美国开展其他形式的军事合作。从这一角度来说,东盟国家选择接受美日同盟、认可美日同盟是保持美国在东南亚地区军事存在的较为恰当的方式。东盟既希望能够拉住美国,借助美国控制日本、平衡中国,又希望能通过发展与日本的关系,制约美国和中国,并使东南亚能够在中日两强竞争中获得红利。

东盟"地区主义"的抬头,直接影响东南亚安全格局的变化。东盟有意识地寻找自己的地区安全视角,萌发安全共同体的地区安全理念,并试图通过建立多边对话的安全机制应对地区安全问题的举动,代表了冷战后东南亚安全格局的新变化与新方向。东盟对日本,以至对美国、中国等区域外大国的态度及"大国均势"战略,代表东盟寻求自身在东南亚安全格局中的位置的努力。东盟的"大国均势"战略,并不是绝对平衡地处理大国关系,而是根据形势的变化和各方力量的对比,灵活调整与应对。对日本而言,东盟的自主和"均势",都是其介入东南亚安全格局的有利契机。无论是东盟在政治、经济领域对日本的借重,还是多边安全合作机制中一边的参与者,都为日本能够在冷战后东南亚安全格局重塑中占有一席之地提供了重要的机遇。

二、美日同盟从漂流到再定义中的美国考量

冷战结束,意味着美国和亚太关系新阶段的开始。冷战后亚太地区安全局势缓和,大国安全矛盾减弱,直接影响美国需要对自身数十年来在亚太地区施行的安全政策做出调整。在安全形势的变化下,大国间达成多项以削减

---

① 原载新加坡《当代东南亚》,转引自:曹云华. 日本与东盟的安全 [J]. 东南亚研究,1995(2):8-10.

战略武器为代表的裁军协定。美国也相应提出调整美军兵力结构的计划,① 但同时,美国日益看重亚太地区在其全球战略中的地位和作用。霸权主义极度膨胀的美国,需要在亚太地区建立相对稳定的霸权体系。美国需要有力的同盟配合和协助其插手和主导亚太安全事务。

在美国从冷战到冷战后的安全战略转型中,美日同盟经历了从漂浮到再定义的历程。从经贸矛盾摩擦、防范日本再度兴风作浪到强化与日本间的军事同盟关系、让日本在美国的军事行动中扮演更有价值的角色,老布什和克林顿从美国的全球战略和安全战略重点出发,赋予了日本在美日同盟中的不同角色和位置。为防范其他国家对美国霸权的挑战,克林顿强调美国与盟国的协调合作。在东南亚安全格局中,美国始终坚定地认为东南亚多边安全合作机制只能是其同盟领导的补充,而不能代替其同盟对东南亚地区安全的主导作用。② 这也是为什么美国表面支持和参加东盟安全论坛,却希望控制和主导论坛发展的症结。再加上东南亚地区主义抬头,美国在东南亚地区的影响力有所下降。美国亟须寻求区域内有力的同盟者的辅助。在美国的同盟领导战略下,日本无论从国家关系、经济发展水平,还是军事合作基础和价值观等方面来考量,都是美国在东南亚乃至亚太不可或缺的重要伙伴和盟友。在美国的安全战略东移中,美日同盟焕发了新的生机。

另外,日本政治大国的野心日益凸显。美国担心崛起的日本会脱离美国的控制,也担心日本对地区安全事务的介入,会破坏美国对地区安全的部署③,因而美国对日本一直保持着防范心理。冷战后,多极化趋势日益发展。在东南亚地区,美国需要遏制中国,又需要有效地控制、利用日本。美国只得选择以日本同盟为依托,将中国和日本约束在自己主导的地区安全同盟秩序之中。如此既可以制约中国、平衡东盟,又可以约束日本的军事大国化。面对冷战后不断发展变化的地区安全形势,美国重新加强了美日同盟。从这

---

① A Strategic Framework for the Asian Pacific Rim: Looking Toward the 21st Century [R]. U. S.: Department of Defense, 1990.
② 刘昌明. 地区主义对东亚双边同盟体系的挑战及美国的应对战略 [J]. 山东社会科学, 2011 (5): 97-103.
③ 杨光海. 日本南海政策的历史演变及其启示 [J]. 亚非纵横, 2015 (6): 17-36, 123.

个角度来说，美日同盟也是美国平衡和牵制日本的一种手段。

美日同盟为日本介入东南亚地区安全事务提供了最佳的保护伞。美日同盟的加强成为冷战后日本在东南亚安全格局中获取一席之地的重要契机。在日美关系中，安全、政治与经济三者相互纠缠，互相影响。美日同盟的再定义并没有从根本上解决日美关系的矛盾与利益摩擦，这也决定了美日同盟必将随着形势的变化而不断变化。

三、中国崛起与"中国威胁论"

冷战结束后，东亚地区逐渐形成了中国、日本、东盟三方互动的地区局面。"中国威胁论"的有意渲染和日、美、东盟对中国的防范，都使东南亚地区安全形势变得更加复杂。

"中国威胁"这一概念最早是由日本学者村井友秀于1990年提出的。[①] "中国威胁论"有两大起因："一是美国从冷战时期延续下来的地缘政治学战略即东亚战略；另一个来自日本的基于前近代形成的华夷秩序观的周边民族精神结构。"[②] 美国的亚太安全战略在冷战结束后就开始不断调整，经历了从单纯应付功能性挑战到同时应付功能性挑战与结构性挑战并举的转变。[③] 苏联解体后，美中合作，中国作为美国战略协作者的意义不复存在，美国不再需要中国牵制苏联。随着中国经济的快速发展，美国开始感受到来自中国竞争的压力和结构性的挑战。因此，冷战后美国对中国战略的"遏制"成分逐渐加大。直到"9·11"事件前，防范中国崛起都是美国亚太安全战略最优先的考虑因素。

冷战结束和苏联解体后，中日两国共同安全利益基础消弭。中国的崛起使冷战后的东亚呈现中日两强并立的局面。中日间力量对比的变化使两国间的结构性矛盾凸显。中日两国出现安全上的不信任，即"安全困境"。所以，日本最先提出"中国威胁"这一概念。冷战后，中国经济的快速发展及军费

---

① 村井友秀. 新·中国"脅威"論 [J]. 諸君, 1990 (5): 186-197.
② 马场公彦. 日本型中国威胁论的"水脉"[J]. 日本学刊, 2003 (2): 6-16.
③ 吴心伯. 冷战结束之初美国亚太安全战略的转变 [J]. 美国研究, 2002 (3): 50-65, 4.

的增加，都被日本看作涉及国家和地区安全问题的安全威胁。

在"中国威胁论"下，对中国进行超前"遏制"、防范性"遏制"成为20世纪90年代中后期地区安全环境中不和谐的声音。所谓"中国威胁"，对冷战后东南亚安全格局的重构和日本在东南亚安全格局中的位置都产生了一定的影响。首先是"中国威胁"使美日关系找到新的利益契合点。美日两国都不愿东亚出现能够与它们竞争、对它们利益产生威胁的大国崛起。因此，美日两国因为"中国威胁"的抬头，开始重新审视美日同盟的价值，并重新强化调整它。正如1994年美国《国家参与和扩展安全战略》中所述，"为制止地区性入侵和确保我们自身的利益，我们将以积极的姿态在那里保持同盟与驻军，并发挥作用"①。制止地区性入侵的主体明显指向中国。在中国挑战下，美国不得不重视日本。日本也获得了强化自身位置的重要机遇。其次，美日东南亚的战略核心是保持并增强美日同盟对东南亚的领导权。因此，美日散布"中国威胁论"，妄图引起东南亚国家对中国的防范，挑拨中国与东盟的关系。并试图在所谓的威胁下引诱东南亚国家倾向美日，接受美日同盟的保护。在如此背景下，东盟各国接受并欢迎日本参与地区事务。最后，在竞争压力下，美日放弃在东南亚地区安全问题上应有的中立态度，转而偏向东南亚国家，以加剧中国与对方的矛盾。例如日本介入南海问题，造成的结果就是南海问题相关国家，如越南、印尼、菲律宾、马来西亚等国，都在防备中国的考虑下发展军事力量。② 东盟各国也因为受到"中国威胁"的影响而积极发展各自的军事力量和加强彼此间的军事安全合作。"中国威胁论"加剧了地区的安全威胁，给予日本介入地区安全事务的可能机会。

如果说美日同盟给予了日本介入东南亚安全格局的保护伞，那么"中国威胁论"就是助力器。在恶意的渲染和挑拨中，日本获得了部分东盟国家的信任，得到了参与东南亚安全事务的可能机会。

---

① 参见美国国防部网站《国家参与和扩展安全战略（1994年美国国家安全战略报告）》。
② 陆建人. 东盟国家的安全合作及几点看法［J］. 战略与管理, 1999（4）: 26-31.

四、冷战后日本对东南亚安全格局的介入评析

（一）日本欲以美日同盟掌控东南亚安全格局

二战后，日本长期执行与美国结盟，有节制地建设防卫性军事力量的安保政策。[①] 这决定日本的国家安全战略与美国息息相关。与美国结盟，日本牺牲部分国家主权，却有效地借助美国力量实现了自身安全的利益最大化。

冷战结束后，日本争做政治大国和军事大国的意愿逐渐显现，日本的国家安全战略发生变化。相比战后，冷战结束前后，日本更积极地参与国际事务，意味着日本逐渐脱离美国外交政策上忠实伙伴的角色，日本的外交政策逐渐与美国出现偏差。再加上经贸摩擦，美日矛盾凸显。其一，从日美关系的"漂流"到1995年冲绳的美军"强奸事件"引发日美如何维持和对待日美安保体制的讨论，成为日美两国重新定义日美安保体制的重要节点。[②] 日美安保体制的任何变化都代表着日本国家安全战略的转变。其二，美国自80年代起开始要求日本增加国防费用，承担更多的同盟义务。日本大幅增加防卫开支，使邻国产生不安全感而本能地增强自身的军事能力。反过来，日本的不安全感进一步加深，日本国内右翼势力也随之抬头。日本的军事大国化野心进一步加强。

另外，冷战后，日本自身所面临的安全方面的不稳定因素也日渐复杂化。中国崛起和与中国、俄罗斯、韩国存在的领土争端，朝鲜半岛有事的威胁和地区动荡，如台湾海峡、东南亚动乱、南海问题等都会影响日本的国家安全和经济命脉。在美日关系和地区安全形势变化下，日本在1995年11月通过《新防卫大纲》，将国家安全战略由战后的本土防卫转变为防卫周边情况，使日本转变为军事国家。

严峻的安全环境和日本的侵略历史，使日本意识到，日本在国家安全战略上任何旨在发展军事力量的尝试都必将引起邻国与地区的关注、不安与指

[①] 吴怀中. 战后日本安保政策的演变 [J]. 国际政治研究，2015（1）：31-42.
[②] 川上高司. 米国の対日政策—覇権システムと日米関係 [M]. 日本：同文舘，1996：214.

责。日本当前只能继续在安全政策上依赖美国，在美日同盟的框架下，培育和发展自己的军事力量，进而谋求地区安全格局中的一席之地。因此，日本迎合美国的全球战略，美日同盟重新定义并进一步加强。"日美安保体制继续承担着重要的责任，不仅是确保我国安全不可欠缺的，也是为了确保我国周边地区的和平与稳定，更是为了构筑稳定的安全保障环境。"① 日美安全体制的重新定义，对日本、对东南亚安全格局来说都具有重要的意义。

（二）发展同东南亚国家的多边安全合作，推动建立多边安全保障机制

在朝鲜战争爆发、美国加紧构筑东亚军事同盟的背景下，日本获得了较大的安全空间。在安全保障下，日本将东南亚视为重点投资区域，利用经济援助和外交赔偿等手段，掳获东南亚的资源和市场，造就了自身的经济腾飞。因此，日本与东南亚国家一直保持着密切的经济联系。冷战后，日本将东南亚地区视为其"脱欧入亚"的重点地区，将参与东南亚事务视为其谋取政治大国、提高国际影响力的起点，将介入东南亚安全事务视为其获得更大安全空间的跳板。因此，冷战后日本格外重视东南亚安全事务，积极同东南亚国家展开安全合作。同时，日本也认识到同盟框架外地区安全合作的必要性，而积极推动东南亚地区多边机制对话与合作。在1994年东盟地区论坛第一次会议上，日本就明确表态肯定东盟在东南亚地区安全合作中的主导作用。② 这显然也和当时的日美关系情况相关，日本的态度后来也发生了改变，但当1997年底东盟—中日韩领导人非正式会议上，各国领导人纷纷探讨东亚合作的必要性和紧迫性时，日本也表达了积极的支持态度。

经过冷战后几年的实践和酝酿，日本逐渐确定冷战后的国家安全战略，即在保持美日同盟安保体制的基础上，支持地区建立多边安全保障机制，积极发展同各国的多边安全合作。至此，日本在东南亚安全格局中，以日美合作框架为依托发挥作用。日美关系的变化决定了日本在东南亚安全格局中的位置。日本通过安全战略的转变，成为美国在全球战略中的配合者，来换取美国对自己成为政治大国的扶持。当然，对日本而言，美日同盟也对它起到

---

① 日本防卫厅. 防卫白皮书 [M]. 日本：日本防卫厅，1996：100.
② 郭震远. 东南亚地区安全合作的共识、分歧和前景 [J]. 和平与发展，1994（4）：13-16.

一定的约束与规范作用。

在安全上，日本一面借加强日美安保合作和防范周边有事之名，不断扩大其防御范围，逐渐向南扩展，以保护其"海上生命线"；一面积极参与多边安全对话与合作，不断加强自卫队的建设，突破国内和平宪法的束缚。日本表现出强烈的介入东南亚安全格局的野心和图谋，即扩大自身在东南亚事务中的影响力，在经济优势和美国的支持下，推动东南亚政治体系、安全格局朝着有利于日本的方向发展。

但有一点不容忽视的是，日本欲以美日同盟体系介入东南亚安全格局与日本所积极倡导的东南亚多边安全合作间存在着天然的矛盾。双边体系与多边安全对话不可能完全相容，而必须要有所主次取舍，在这方面日本再次较好地体现了其国家安全战略的逐利性和变通性。美日同盟处于漂流状态时，日本大力支持东南亚地区多边安全对话机制的构建，声称支持东盟在东南亚多边安全合作中的核心地位；而当美日同盟重新定义并强化后，日本的东南亚安全政策则转为以美日同盟体制为主，多边安全合作机制则只能作为对双边同盟体制的补充而发挥作用。如此，在双边同盟体制的共同利益驱动下，日本可能会利用东南亚地区多边安全机制为自身的利益服务。如日本提议并支持的东盟地区论坛，便成为日本炒作南海问题的重要场所。日本一面强调通过多边安全合作和平解决南海问题，一面利用东盟地区论坛为自身利益挑起争端。此外，像东盟地区论坛等地区多边合作机制也面临着被美、日"机构化"的问题和担心。可以说，相比地区多边安全合作，日本更倾向和重视同盟体制在其国家安全政策中的基石地位，而日本对多边安全机制的推动与参与，也往往是从自身利益角度出发的。

（三）有针对性地介入东南亚具体安全领域

在日本以积极态度介入东南亚安全事务下，冷战后，日本初步介入了东南亚安全事务，在东南亚安全格局中获得一极身份，并逐渐构筑起介入东南亚安全格局的"多层次结构模式"，即立足于美日同盟的漂流期，日本以积极态度参与地区多边安全合作、支持地区多边安全框架的构建的基础上；在美日同盟的再定义，美日同盟关系的提升和日本以同盟体制进一步插足东南亚安全格局的战略下，日本逐渐形成初步成熟的东南亚安全战略模式构建。冷战后日本介入东南亚安全格局的"多层次结构模式"包含三个层次，即强化巩固同盟体制，注重与东南亚国家和域外国家的双边安全合作，以一极姿态积极参与地区多边安全合作框架。在此之下，日本有针对性地介入东南亚具体安全领域。

冷战后，日本延续"经济中心导向"，并将其视为介入东南亚安全格局的首要手段。日本将自身的经济实力和冷战前与东南亚国家构建的密切经济合作关系，视为其获得东南亚政治、安全权力的最重要的依仗。因此，日本将经济安全领域作为其介入东南亚安全格局的首要切入点，并以经济援助、直接投资为主要手段，进一步密切与东南亚各国的经济关系，并在此基础上，与相关国家展开安全合作，获得东南亚国家对其参与地区安全事务的信任与支持。

日本一向以海洋国家自居，冷战后，日本更是日益重视对东南亚海上安全事务的介入。日本从经济、政治、安全等多个领域介入东南亚海洋事务，并在东南亚海洋事务中扮演越来越重要的角色，但这一时期中，日本只是有限介入南海问题，表现出较为克制的态度。在1999年之前日本对马六甲海盗问题的介入也多停留在援助和设想倡议阶段，此后，日本越发重视海洋安全事务，在海洋领域的诉求越来越严重和明显。日本全面推进海洋战略对东南亚安全格局中的传统与非传统的安全命题来说既呈现出一定的解决缓和态势，也存在相当的安全挑战。

冷战后，日本的东南亚安全政策经历了不断探索、积极向前推进和反复强化的过程。总体上可以概括为一个加强与巩固自身安保实力的动态过程。[1]在这个过程中，日本借助地区安全之由，以保护本国及地区安全为借口，主动参与地区安全事务，并凭借美日同盟体制的支持，不断强化自身在东南亚安全事务中的存在，凸显日本必要的影响力和遏制力。在这个过程中日本对东南亚安全格局产生两面性的影响。一方面，顺应多边安全合作的潮流，积极推动多边领域的合作和地区多边安全机制的构建，积极在经济安全、海洋安全等领域援助和改善相关安全困境，在美日同盟的框架体系下被制约地有

---

[1] 张铎. 日本安倍政府东亚安全政策研究［D］. 长春：吉林大学，2017：24-30.

限介入地区安全事务，都对东南亚安全形势的发展和安全格局的构建产生直接的有利影响；另一方面，日本出于自身的战略诉求和美日同盟的需要，带有企图心地参与东南亚地区安全事务，将使东南亚地区安全形势日益复杂并存在相应的潜在威胁。

在有针对性地介入东南亚安全格局后，日本正视并思考如何跨越进一步介入东南亚安全格局的诸多限制，明确介入非传统安全领域对日本东南亚安全战略的重要意义。在此之上，日本提出了"综合安全保障战略"的设想，即将传统安全威胁与非传统安全威胁放在同等重要的位置上。1994年，日本提出了"多边安全保障结构"的概念，主张应"将冷战性质的防卫战略转向多边安全战略"。基于综合安全保障战略之上，日本从美日同盟的维持与巩固、日本经济的安全保障作用、政府对外援助的效用以及东南亚双边、多边安全合作等方面全方位致力于对东南亚安全事务与安全格局的介入，使日本安全与东南亚安全更紧密地联系在一起。在此之上，日本开始以独立视角思考自身的东南亚安全战略，这对日本21世纪的东南亚安全战略和东南亚安全格局的嬗变都将产生直接而深刻的影响。

第二章

21世纪初日本东南亚安全战略的调整

第一节 21世纪初日本东南亚安全战略调整的背景

21世纪初，日本东南亚安全战略进入加速转型期，这是对冷战后日本东南亚安全战略变革的延续与发展。在东南亚安全形势的显著变化下，日本致力于对自身国内法制的"战后突破"、对美日同盟及其他盟国关系的调整、寻求东南亚地区安全合作机制的整合，逐步介入并试图主导东南亚安全格局。

一、"9·11"事件后东南亚地区安全形势发生变化

"9·11"事件后，世界安全形势的变化和东盟经济腾飞、中国的崛起，使大国博弈的竞争性乃至对抗性日益凸显，东南亚地区的安全形势出现新的变化。

东南亚地区在东亚乃至世界安全格局中的重要性进一步提升。伴随着美国安全战略的重大调整，在浓厚的单边主义、武力主义、现实主义下，美国追求绝对安全和全面优势，在密切关注中亚的同时，将战略重点进一步转移到亚太地区。东亚逐渐成为当前世界最具经济活力的地区，良好的经济发展态势也推动了世界主要大国对这一地区的关注力度。此外，中国崛起提升了东南亚在世界地缘政治版图中的地位。

东南亚地区的安全形势也面临史无前例的挑战。围绕"9·11"事件，东南亚安全格局出现严峻的问题：恐怖主义等非传统安全问题的危害加剧，国

际安全问题更趋向多元化,传统安全因素与非传统安全因素相互交织。① 非传统安全问题日益凸显,威胁地区安全形势,尤其是恐怖主义,成为左右东南亚地区安全的基本因素,是21世纪初各国在东南亚地区开展安全合作的核心。作为大国激烈竞争的地区,各种复杂因素的交织,严重威胁东南亚地区的和平与稳定。安全形势的变化,客观上成为各国安全合作的动力,促使相关各国重视安全问题并认真考虑安全合作,这些因素都直接影响21世纪初东南亚地区的安全格局。

二、日本国家安全战略进入新的调整期

保障日本安全一直是日本政治生活的轴心。② 进入21世纪后,日本国家战略进入了一个新的调整期,战略转向成为最明显的特征。在东南亚安全战略中,除"商人之剑"外,日本越发重视"军事之盾"。在总体安全防卫思想和方向发生重大转变下,日本急于对自身国内法制进行"战后突破"。

伴随着日本追求政治大国和防务扩张欲望的强烈,修改"和平宪法"成为日本的当务之急。日本通过"解释宪法"和"另行立法"来变相推动自身的"国家正常化"。尤其是一意想要通过修宪使日本"脱离战后体制"的安倍更是将修宪作为其任期的主要执政目标。③ 2000年年初,日本国会参众两院均设立"宪法调查会"。其后展开的论宪工作和自民党提出的"新宪法草案"都表现出为日本在海外行使武力开辟道路、使日本成为一个能进行战争的"普通国家"的明显意图。日本在朝着实质性修宪的步伐迈进。

此外,小泉和安倍政权还以"9·11"事件、"阿富汗战争"、"伊拉克战争"等事态为契机,积极推动相关立法。"9·11"事件后一个多月,日本参众两院便通过了政府提出的《反恐特别措施法》,将自卫队派兵范围由20世

---

① 杨洁勉,赵念渝. 国际恐怖主义与当代国际关系:"9·11"事件的冲击和影响[M]. 贵阳:贵州人民出版社,2002:81.
② 塞缪尔斯. 日本大战略与东亚的未来[M]. 刘铁娃,译. 上海:上海人民出版社,2010:50.
③ NORRIE J. Japanese Leader wants bigger role for military: Prime Minister pushes referendum bill [N]. The Age, 2007-03-12.

纪90年代的太平洋扩展到印度洋。日本这一"自主决定"的速度和幅度甚至超乎美国的预料和要求。2004年12月日本政府公布的新《防卫计划大纲》中首次将"改善国际安全环境、使威胁不影响到日本"与"保卫日本本土安全"并列为日本的国防目标。① 将日本自卫队的防卫范围扩大到了全世界,"专守防卫"政策实质演化为"全球性防卫"政策。日本安全政策的内涵由国内安全扩展到国际安全。

三、21世纪初同盟关系的调整

日美关系是日本对外关系中最核心、最基础的关系。"9·11"事件和随后的伊拉克战争为日美新的联盟合作提供了实践注脚。"9·11"事件后,日本"借船出海"卷入伊拉克战争,是日本利用美日同盟,扩大自身政治影响力,迈向政治大国的重要步伐。布什政府试图提升日本的战略地位,使其在日美安全架构中发挥制衡东亚以及安全基石的作用。② 此后,两国开启了共同应对世界新局势的同盟关系调整,即建立在两国同盟框架下的安全保障战略。美国本着"减轻负担、强化威慑"的原则解决基地问题,为日本松绑,强化对日本关切的"周边事态"进行有效应对。在随后的2005年2月19日,美日两国召开由外交部长和国防部长参加的"2+2"会议,自此,美日"2+2"安全战略磋商机制正式建立,代表美日同盟机制化趋于成熟。此后,美日同盟明确了共同的目标指向,重建了新的日美分工体制。在美日同盟的调整中,日本的地位及重要性不断提升。

此外,日本逐渐重视与其他海外国家构建同盟关系。冷战后,海洋国家论、海洋同盟论成为日本"普通国家"论中的核心概念之一。日本将"与海洋国家结盟就会成功,与大陆国家结盟就会失败"作为最重要的"历史经验"来看待,由此认为日本作为海洋国家与海洋国家结盟,具有某种"必然性"。因此,在"海陆对抗论"的影响下,日本当局积极发展同亚太其他国家的军

---

① 平成17年度以降に係る防衛計画の大綱について [EB/OL]. 首相官邸网,2004-12-10.
② The National Security Strategy of the United States of America [EB/OL]. The White House, 2002-09-17.

事同盟和军事合作关系，并将此视为介入东南亚安全事务的重要工具。

四、日本自主要求的萌发：东南亚地区安全合作机制的整合

冷战后，日本将自身安全与周边安全更直接、具体地联系起来。① 在这一时期，日本主流的认识是："吉田路线"是成功的，但也是"最大的陷阱"。② 也就是，日本在对美依赖确保了安全的同时，也丧失了部分国家主权与安全主权。为此，日本应从"依赖"中摆脱出来，开始独立地思考，既包括对未来自身国家的定位，也包括日本对东南亚地区的安全战略调整。

日本开始追求"对等"的日美关系。在日美关系发展较好的时期，小泉政权开启了"建设性追随"的道路，即由追随继而到影响美国决策的路径。在建设性追随美国之外，日本开始寻求自身的独立性。1999年3月11日，作为日本外交政策思想库之一的日本国际论坛发表题为《对美中俄关系的展望与日本的构想》的政策建议书③，提出应放弃冷战结束十年来日本被动的外交政策，在建立地区秩序上确立独自的战略构想。2002年小泉内阁明确提出与亚洲国家经济一体化的政策，并开始积极探讨日本的政治与战略空间，试图重新在地缘政治框架中确立自身的权势基础。21世纪后，整合地区机制形成多层次复合有效的安全体系，逐渐成为日本东南亚安全战略所追求的重要目标。当然，日本希望能够在这个体系中扮演引领者的角色。在此之下，日本一方面强化美日同盟，一方面与东南亚安全进行更紧密的捆绑。

东南亚安全秩序及其安全体系结构的塑造成为影响日本地区战略的重要问题，如何在东南亚安全格局塑造中获得主动、获取优势乃至主导地位，成为日本东南亚安全战略转型的重要目标。

---

① 卢昊. 战后日本安全政策："军事正常化"的发展 [J]. 日本学刊，2015（6）：28-48.
② 添谷芳秀. 日本の「ミドルパワー」外交—戦後日本の選択と構想 [M]. 日本：筑摩书房，2005：51.
③ 日本国际论坛. 对美中俄关系的展望与日本的构想 [N]. 世界周报（日本），1999-06-08.

第二节 21世纪初日本国家安全战略的调整对其东南亚安全战略的影响

日本追求"正常国家化",在向东南亚国家进行经济扩张的同时,致力于增强自己的军事实力、积极参与海外安全合作行动、巩固和增强美日同盟关系,并通过谋求与亚太其他国家建立双边安全关系推进多边安全框架的建立,以构筑对自身有利的东南亚、亚太安全格局,并争取在其中发挥更大的主导作用。

在此之上,日本东南亚安全战略的调整主要集中在两个方面。一是保障其东南亚安全战略实施的军力建设与国内法制的调整,二是增强美日同盟关系及在此之上多边安全框架的建设。

一、21世纪初日本国家安全战略的调整

(一)积极谋求军事崛起,提升自身海外安全的干预能力

"9·11"事件后日本军备的发展,保持着令世界侧目的势头。日本大力加强军事力量建设,尤其是发展大型化、远程化和进攻性的武器装备。同时,注重加强海、空军的远程作战能力,增强侦察、情报、预警和部队的机动及应变能力,推进导弹防御系统(TMD)的实质性建设。[1] 日本谋求以强大的军事力量为后盾,在东南亚乃至亚太地区强化自己的影响和地位,并立志在军事上做出"国际贡献"。随着日本军事力量的不断增强,日本的军事战略逐渐由"本土防御型"转变为"海外进攻型"。2005年4月,日本新《中期防卫力量发展计划》(2005—2009)开始实施。此时日本的军费开支已位居亚洲第一。[2] 日本开启了走向军事大国的实际步伐,其实施海外军事干预的意愿和

---

[1] 欧阳立平. 日本的军事力量和军事战略[J]. 国际资料信息,2002(6):1-5.
[2] 汤庆钊. 注意!日本军事转型 军费总额亚州第一,全面向攻击型转变[J]. 国际展望,2006(14):32-35.

能力都在不断地增强。

这其中有几点值得关注。其一是日本一心成为军事大国,故抓住朝核问题的时机,以"周边有事"为借口增强军备、修改国内和平立法。朝核问题,在一定程度上加速了日本的军事大国化。其二是为了推动日美联合研制导弹防御系统,2004年12月,日本内阁会议和安全保障会议决定部分放宽"武器出口三原则"。日本坚持近40年之久的武器出口禁令被突破,为日本防卫产业对外出口武器做出了铺垫。其三是日本的军事大国化促发日本修宪野心。日本安全部门长期将"和平宪法"视为其军事扩张的障碍,2007年年初,日本就不顾"和平宪法"的限制,将防卫厅正式升格为防卫省。冲破"和平宪法"的束缚,成为日本军事崛起的必然趋势。

(二) 积极参与国际安全合作行动,变相挑战"专守专卫"原则

日本为使自卫队能够参与联合国维和外更广泛领域的国际安全合作,于2001年、2003年,先后制定《反恐怖特别措施法》和《支持伊拉克重建特别措施法》,突破战后日本"专守专卫"的安保原则,并向海外派出支援多国联军作战的自卫队。日本以"为国际安全做贡献"、协助美国全球军事行动为名,不断地挑战"专守专卫"原则,实施"海外派兵"、行使"集体自卫权"。日本文职人员在国际安全合作中也日趋活跃。2007年日本外务省建立"广岛和平构筑人才育成中心",培训人员,探讨国际安全合作的新方式和新领域。在此背景下,日本2004年版《防卫计划大纲》首次把"改善国际安全环境"与"保卫本土安全"并列为安全战略的两大目标,并将"应对事态""主动积极地改善国际安全环境"明确定义为自卫队的基本职能。应对威胁事态、改善国际安全环境,表明日本放弃"被动反抗",逐渐转向"主动应对"的军事战略思想。"专守专卫"政策转变为可以实施"主动的对外干预性"战略。

积极参与联合国维和以及其他地区热点的安全合作行动,是日本为追求政治大国目标累积资本的战略选择。日本军事力量由被动防卫转为主动应对,军事力量的职能范围也从内向型转为"内外结合型",随之日本的防卫范围也从周边扩大到全程范围。正如福田在其施政演说中表示,作为"和平合作国家,日本应当承担自身在国际社会中的应尽责任,成为一个为维护地区及世

界共同利益的国家"①。日本标榜"为地区、为世界建立更为确定的安全保障环境",树立和平大国的形象,进而借机在安全、政治领域扩大自身的影响力。

(三) 增强与美军的协同作战能力,日美军事同盟范围不断扩大

"9·11"事件后,20世纪90年代中期以来美日同盟"再定义"的进程进入新的发展阶段,日美军事同盟得到进一步的强化。美国学者科萨认为,"9·11"事件以来美日"合作的广度和深度是史无前例的,大大超出美国的期望"。

21世纪初,美日同盟关系发生几大变化,直接影响日本在美日同盟的地位和在东南亚安全格局中的作为。其一是"9·11"后,美国积极鼓励日本调整"专守专卫"的军事行动原则,以更有效地配合美国的全球战略。这直接促进日本的军事扩张和积极参与海外安全合作行动。其二是日本在美日同盟中的重要性提升。2002年美日"2+2"安全磋商会议声明,美日同盟正在向日本支援美国共同军事行动的方向转化。② 日本在同盟中的地位得到进一步的确认和提高。其三是美国出于自身安全战略的考量,力求将美日同盟缔造为"全球性同盟"③。2003年5月,美日两国将同盟定位为"世界中的美日同盟",并在其后以联合宣言形式加以确认。日本也积极响应。④ 美日同盟的适用范围扩展至全球层面。2007年,美国出台新版《阿米蒂奇报告》,即《美日同盟——让亚洲正确迈向2020》,肯定美日同盟在地区乃至全球地位的同时,积极鼓励日本增强军备、放松限制,在政治、安全方面发挥更大的作用。

在美日同盟的强化和美国的支持下,日本趁机"借船出海"。日本通过《恐怖对策特别措施法案》,向印度洋派遣舰艇编队;向东帝汶派遣自卫队员

---

① 武日康裕,神谷万丈. 日本安全保障学概论 [M]. 刘华,译. 北京:世界知识出版社,2012:317,327.
② 黄凤志,高科. 东北亚地区安全战略研究 [M]. 长春:吉林人民出版社,2006:52.
③ 吴心伯. 太平洋上不太平 [M]. 上海:复旦大学出版社,2006:143-150.
④ Joint Statement U. S. -Japan Security Consultative Committee [EB/OL]. Ministry of Foreign Affairs of Japan,2005-05-02.

<<< 第二章　21世纪初日本东南亚安全战略的调整

参加维和行动；通过《武力攻击事态法》等"有事三法案"① 及《支援伊拉克重建特别措施法》，向伊拉克派遣陆上自卫队；在2004年12月印度洋海啸发生后，派遣庞大武装力量前往救援等事件，都有政治、安全方面的考虑，也都与美日同盟关系进一步强化密切相关。在此背景下，日本2004年的《防卫白皮书》开始强调自卫队要从"存在"转向在国际上"积极发挥作用"②。

同时，日本开始积极谋划提升自身在东南亚乃至亚太安全格局中的位置。2005年2月，日美安全保障协商委员会发表联合宣言："促进东南亚和平、稳定与蓬勃发展"和"加强亚太地区的和平与稳定，保持日本能够应对会对美日产生影响的紧急事态的能力"成为双方共同"战略目标"。③ 在美日同盟中，日本被定义为东南亚、亚太地区和平与稳定的支柱。从这个意义上讲，在美日同盟的强化下，日本成为美国在东南亚乃至亚太的战略据点。这直接影响日本在东南亚安全事务中的位置与可能作为。

（四）与其他亚太国家建立双边安全关系，推进多边安全框架的建立

日本除"借船出海"外，还积极发展同其他亚太国家的双边安全关系，这一时期比较明显的是澳大利亚走近美日军事同盟和日本积极与印度"东扩战略"对接两件事。

澳大利亚走近美日军事同盟，是美日军事同盟关系不断加强的结果。一方面，澳大利亚作为美国的盟友，美国需要澳大利亚在亚太事务上的参与与协助。受和平宪法的限制，日本的海外军事活动只能配合美国进行，澳大利亚对日本的军事协助实际上就是对美国的协助。澳大利亚的走近，在一定程度上提高了美日澳三国共同军事行动的规模和效率。另一方面，在"周边有事"机制下，日本将东南亚的马六甲海域、印度洋海域预想为有可能发生"事态"、需要进行军事参与的地区。在东南亚乃至印度洋开展军事行动，澳大利亚具有地缘优势，可以在后勤、情报等诸多方面与日本进行配合。

---

① 日本国会参议院全体会议通过的"有事三法案"指《应对武力攻击事态法案》《自卫队法修改案》和《安全保障会议设置法修改案》。
② 参见日本防衛省・自衞隊网站《防衛白書「平成25年版」》。
③ 日本安全保障協議委員会共同発表［EB/OL］.日本安全保障協議委員会网，2005-02-19.

55

到 2006 年 3 月，美日澳三方安全对话已升级为外长级别，逐渐形成华盛顿—堪培拉—东京太平洋轴心。美日同盟关系不断加强后的 2007 年，是日本与澳大利亚关系发生实质性进展的一年。2017 年 3 月 14 日，日澳在东京签署《防务与安全声明》，这是二战后日本与美国之外的国家签订的第一个防务协定。《防务与安全声明》不仅体现两国加强防务与安全合作的意向，也将加强两国与美国安全合作上升到前所未有的高度，甚至将两国与印度的安全合作也提上议程。时年 6 月，日澳两国外长举行首次日澳安全保障协议委员会会议（"2+2"会谈），建立起以追求共同安全利益为目标的日澳防务合作磋商机制。随后东盟地区论坛上，日美澳举行了三方战略会谈。2007 年 10 月，日美澳举行三国首次联合军演。[1] 澳大利亚逐步走近美日军事同盟，体现出准同盟乃至同盟的关系。对日本而言，与澳洲的安全合作，为其寻求修宪提供了新的动力，而澳日之间的防务与安全合作，对东南亚乃至亚太地区的安全形势都产生重要影响。

印度实施积极的"东扩战略"，一方面加紧建立远洋海军，另一方面积极同日本、越南加强战略合作。2000 年印度国防部长访问日本，嗣后两国联合在南中国海举行军事演习。2001 年印度总理瓦杰帕伊访问日本时曾表示印日是维护亚洲稳定与安全的"天然盟友"。2004 年 9 月，印日两国与巴西、德国发表共同声明，首次结成联盟，互相支持各自"入常"的努力。2005 年 4 月，小泉访问印度，两国宣布构建"全球性伙伴关系"，并于 2006 年 12 月宣布两国建立"全球战略伙伴关系"，将在亚洲乃至全球范围开展双边合作。2007 年 4 月，美日印三国举行首次三边联合军事演习。2008 年，日印于东京签订《日印安全保障合作共同宣言》，这是日本继美、澳后，与第三个国家签署安全合作协议，标志着两国"准军事同盟"关系的形成。

日印安全合作关系的加强，对东南亚乃至亚太安全格局产生重大影响。日印海事安全合作，为日本自卫队实施具有攻击性的"远洋攻防"创造条件。同时，印度"东扩"，不仅要继续巩固其在南亚、印度洋的支配地位，更想将势力范围扩展到南中国海。日印双方不断加强政治、军事领域的合作，造成

---

[1] 澳大利亚走近美日军事同盟 [N]. 中国国防报，2007-10-16.

南海问题的日益复杂，也为今后东南亚安全格局的走向增添了不确定性因素。

随着日本与澳大利亚、印度"准同盟关系"的建立，日美澳印安全合作机制也随之启动讨论。日本成四国安全合作机制的推动者，安倍在2007年印度国会的演讲中就提出："依靠日本与印度所形成的大亚洲，将美国及澳大利亚等国吸收进来。"① 美国也希望能够建立四国战略防务磋商机制。② 日美澳印合作机制的磋商直到今日仍在进行，对东南亚、亚太乃至世界安全格局都将产生举足轻重的作用。

二、日本对外战略中的安全考量

（一）日本"东亚共同体"设想中的安全考量

随着东亚地区主义不断上升，东亚地区合作逐渐萌发启动。面对中国率先提出建立中国—东盟自由贸易区的积极态度以及东盟各国希望在此基础上实现东亚经济一体化的共同意向，日本开始担心自身在地区合作中遭到孤立而被边缘化。因此，2002年1月，日本首相小泉纯一郎赶赴东南亚5国访问，并在新加坡发表的演说中，首次明确提出"东亚共同体"构想，强调日本将在其中发挥主导的作用。这是日本政府战后首次以官方姿态正式提出的东亚合作构想。此后，日本政府多次在不同场合强调其"东亚共同体"设想。2003年12月，"日本—东盟特别首脑会议"在东京召开。日本将"东亚共同体"设想写入《东京宣言》。2004年11月，在老挝举行的"第八次东盟与中日韩领导人会议"上，日本再次提出推动"东亚共同体"建设的若干建议。

小泉的东亚合作设想，是一个囊括经济、安全、环境等诸多领域在内的设想。从内容上看，日本设想的东亚共同体不仅仅是个经济组织，要发展经济合作，更要开展安全合作。日本要在地区安全合作中发挥积极的作用。③ 可以说，日本的"东亚共同体"设想处处表现出其在政治、安全方面的野心。

---

① 「二つの海の交わり」：インド国会における安倍総理大臣演説［EB/OL］. 外務省网，2007-08-22.

② SHERIDAN G. China lobby keeps India on the outer［N］. The Weekend Australian, 2007-03-17.

③ 小泉首相在新加坡发表的外交政策讲话［N］. 每日新闻，2001-01-15.

第一，日本的"东亚共同体"设想，将日本与东盟间的合作视为建构东亚一体化的基础，反映了日本在推动东亚共同体建设、争取东亚地区领导权问题上的积极态度。2002年11月，小泉的智囊机构提交的报告中，也认为在推动东亚一体化进程中日本应成为"共同体的核心国家"。① 第二，"东亚共同体"暴露了日本在东南亚安全事务中的野心。"东亚共同体"不仅是个经济组织，同时还要开展安全合作，以保证地区稳定。因此，日本就不光要同东盟展开全面的经济合作，更要加强与东盟各国的安全合作。② 小泉表示日本在传统安全和非传统安全上，都要与东盟加强安全合作，扩大安全合作范围。第三，日本认为"东亚共同体"应该是对外开放的，而不能排他，尤其是不能排斥美国。保证美国在东亚的地位，就是保证美日同盟在地区中的主导位置。也就是说，日本主张下的东亚合作必须在美日同盟的框架和主导下进行。第四，吸收澳大利亚、新西兰参加东亚合作，将澳、新两国视为东亚共同体的核心成员。澳、新作为发达国家，在地区经济、安全合作中与日本的共同点多于其他东亚国家。吸收澳、新反映了日本固有的矛盾心态，即在亚洲和欧美之间摇摆不定。③ 同时，日本也有发展盟友的企图。第五，日本虽然主张在东亚合作中发挥"10+3"的推动作用，即加强中日韩与东盟的合作，但日本的"东亚共同体"设想具有明显的遏制中国的意图。日本希望能通过美日同盟的力量来抵消中国在东亚一体化中的优势，从而使自身在地区合作中居于主导地位。

如上所述，日本的"东亚共同体"设想具有明显的政治、安全领域的考量。日本既能充分发挥与东南亚传统的经济关系优势，又能在美日同盟的框架下与东盟开展更深层次的安全合作；既能够抵御中国的威胁，又能够将其盟友拉入东南亚安全合作中，进而增强自身的力量。但日本的东亚合作构想矛盾重重，过分依赖美日同盟和瞻前顾后、左右摇摆的心态都限制了日本参与地区合作的步伐，其所提出的"东亚共同体"构想也就不了了之。

---

① 21世纪日本外交の基本戦略—新たな時代、新たなビジョン、新たな外交 [EB/OL]. 首相官邸网，2002-11-28.
② 走向东亚共同体 [EB/OL]. 中国网，2005-12-31.
③ 包霞琴. 日本的东亚秩序观与"东亚共同体"构想 [J]. 国际观察，2004（4）：53-59.

（二）旨在主导地区安全事务的战略性外交：从"价值观外交"到"积极的亚洲外交"

21世纪初，日本在东南亚采取更加积极的外交政策。2006年，安倍内阁外相麻生太郎在国会演讲中提出"价值观外交"与"自由与繁荣之弧"设想，并将之视为日本外交的"新基轴"。[①] 其具体主张是积极开展"重视民主、自由、人权、市场经济等普遍价值"的外交，从东北亚、东南亚、南亚、中东、中东欧到波罗的海各国，形成以普遍价值为基础的富裕而稳定的"自由繁荣之弧"。这成为日本继美日同盟、国际协调、重视亚洲近邻关系外的另一大外交支柱。

促使日本形成"价值观外交"和"自由繁荣之弧"设想的主要外部因素有两方面：其一是美国"9·11"事件后的地缘战略，即美国意欲在全球扩大美式民主，进而控制欧亚大陆边缘地带这一"不稳定之弧"。其二是日本对中国的防范与制约。因此，有学者认为，日本"价值观外交"的实质就是，企图借助美国新保守主义的意识形态和地缘战略，从全球范围影响并牵制中国。[②]

事实上，"价值观外交"还具有明显的安全考量，即日本将之视为重塑以自己为主导的亚太安全格局的重要路径。"价值观外交"下，日本与拥有共同价值观及战略利益的美国、澳大利亚、印度、北约等各国密切合作，进而建立所谓"民主国家联盟"。东南亚也是日本的目标区域。随着"排他性"战略联盟的不断扩展，日本可以更有力地对付所谓"异己势力"。同时，日本也将增强自身在东南亚地区的支配力。此外，"价值观外交"下，美日同盟的作用被扩展到东亚、亚太乃至世界的范围，同时预示着日本将在美日同盟的基础上展开更为积极的外交活动，扩大日本在东南亚地区乃至亚太和世界的影响。

福田上台后提出要展开"积极的亚洲外交"。福田内阁不再把"价值观外交"作为其对外政策的主要目标，强调要推行以合作为主的"共鸣外交"，即

[①] 麻生太郎.「自由と繁栄の弧」をつくる—拡がる日本外交の地平 [EB/OL]. 外務省网，2006-11-30.

[②] 刘江永. 论日本的"价值观外交" [J]. 日本学刊, 2007 (6): 46-59, 158.

实现"加强美日同盟和推进亚洲外交的共鸣"。小泉、安倍内阁不断加强日美关系，特别是小泉内阁时期把日美安全合作推上一个新台阶，出现日美关系蜜月期之后，福田提出要"加强美日同盟和推进亚洲外交的共鸣"，无疑带有改变过分依赖美日同盟关系的含义，转而要"推进积极的亚洲外交"。在此之上，福田内阁重视发展同中国的关系，重视在地区合作中加强中日两国的相互协调。

但无论安倍、福田内阁的外交方针有何倾向，其指导思想都是日本民族主义，都是要提高日本外交的独立性，都是要在地区和国际社会中发挥与其经济大国地位相称的国际作用。这反映了日本在地区政治、安全方面的野心。日本力图建立有共同价值观的"民主国家"联盟，增强自身在东南亚地区的支配力。通过改善亚洲外交，主导东亚经济一体化，在安全领域与东南亚国家进行双边或多边战略对话，提升日本在东南亚安全事务中的发言权和主导权。此外，还应该注意的是，日本的外交政策一向受到美国的制约与影响，但随着日本追求政治大国化进程的开始，日本在外交方面表现出更多的自主性，更多地反映出追求自身利益的倾向。在这种独立意识的唤醒下，福田内阁平衡日本以往对美国过度依赖的"积极的亚洲外交政策"得以萌发。

（三）与东南亚国家积极开展军事领域的对话与交流

21世纪初，日本积极与东南亚国家展开军事领域的对话与交流。2000年5月，日本防卫厅长官瓦力访问新加坡和越南，新加坡与日本签署了允许日本军舰和军事飞机使用其军事基地的相关协议。2001年9月日本防卫厅长官中谷元访问印尼。2003年日本自卫队参谋长联席会议主席石川康率领高级军事代表团访问越南。在此背景下，日本海上自卫队和海上保安厅的舰艇频繁造访东南亚国家，与相关国家进行联合海上训练。2000年11月日本海上保安厅派遣巡逻舰艇访问印度和马来西亚，并和两国分别举行了海上联合军演。此后，日本又于2001年的10月、12月以及2002年的3月、8月，分别和菲律宾、泰国、印尼、文莱等东南亚国家举行联合军事演习。

在这一时期，日本与东南亚的军事对话和军事演习，很多是通过美国的引领或搭桥来展开的。为了塑造有利于自身的东南亚安全格局，美国需要日本等盟国的配合，因而，美国日益重视日本等盟国与东南亚相关国家展开多边军事合作关系。小布什的第二任期临近尾声时,美国开始改变以往单边主义的作风,提高对多边机制的重视。对于非美国倡导的多边安全对话机制,美国也希望能通过日本等盟国的参与来实现间接的掌控。从日本来说,21世纪初日本日益重视美日同盟的基石作用。中曾根康弘在《日本二十一世纪的国家战略》中明确指出:"9·11事件后,应当以日美安保条约为基础,构筑东亚的多边安全保障和经济合作机制。"① 日本的东南亚安全格局的参与和塑造的核心内容,是依托美日同盟而展开的多边安全对话。同时,日本也希望能够通过发展东南亚地区的多边安全对话,来减轻对美国的依赖程度。② 因此,日本积极配合美国,与美国的东南亚盟国或东南亚相关国家展开多边安全对话和合作。

"9·11"事件后东南亚地区的安全形势,尤其是恐怖主义的盛行,促使美国加大与东南亚地区国家的军事安全合作力度,频繁与东南亚国家展开联合军事演习。而其中经常出现日本的身影。2005年5月2日至13日,日本同美国、泰国、新加坡四国的6300名官兵在泰国北部城市清迈开始了东南亚2005年度规模最大的联合军事演习——"金色眼镜蛇"。2005年8月举行的"纵深马刀"演习中,日本海上自卫队首次派出作战部队并派出1艘护卫舰、2架反潜机和2架直升机参演,海上保安厅也派出90人和1艘巡逻艇参加演习。③ 此后,2006年、2008年、2009年的"金色眼镜蛇"军演中,都不缺乏日本的身影。

相比冷战结束后初期,日本更加积极地参与了东南亚区域内举办的双边军事交流和多边军事演习等活动,参与次数与参与规模都不断提升。在此过程中,日本不断突破限制,朝着自身所追求的政治大国化行进,同时,也有力地介入了东南亚地区传统安全事务。

---

① 中曾根康弘.日本二十一世纪的国家战略 [M].联慧,译.海口:海南出版社,2004:270.
② 刘世龙.冷战后日本的外交战略 [J].日本学刊,2003(5):23-38.
③ 硝烟的幕后:2005全球军事演习综述 [EB/OL].中国日报网,2006-04-12.

第三节 "综合安全观"下日本与东盟的非传统安全合作

一、"综合安全观"下日本对东南亚各国安全合作理念的影响

"综合安全"的概念是由日本于 1980 年最先提出来的。① 源于日本战后安全领域实践和国家经济发展的需要。受冷战的影响,战后日本在安全领域主要重视军事问题等传统安全议题,但在经济高速增长期结束后,特别是 20 世纪 70 年代,日本先后遭遇石油危机和"布雷顿森林体系"崩溃所造成的金融动荡,国内经济受到严重影响。同时,日本的对外投资快速增加,日本国民在世界各地的活动愈加频繁,国民生命与财产的海外安全成为日本所要面临的现实安全问题。在此背景下,日本逐渐认识到安全领域的问题十分复杂。在日本的政界和学界逐渐形成了"综合安全观"思想。随着非传统安全问题的不断突出,日本的"综合安全"所包含领域也不断扩展。

所谓"综合安全",是指在传统军事安全的基础上,不再限于国防、外交及传统军事安全领域的全面的安全战略。以"综合安全"为依托的安全观,就是"综合安全观"。在"综合安全观"下,国家的安全战略不仅要考量传统的军事安全,也要考量各类非传统安全。"一些冲突在经济领域,一些出现在自然环境方面,还有一些是旧现象的新表现形式,包括市场准入和资本流动、食品短缺、资源耗费、全球气候转暖、跨国犯罪、非法移民和艾滋病。这些问题也是相互关联和多个层面的。它们对军事并不构成安全威胁,而是从国家和人民的安全事务的边缘性问题变成了中心问题。"② "综合安全"不仅包括军事安全,也包括经济、政治、社会、生态、人文、科技等领域。在此基础上,日本提出"综合安全保障战略",认为必须将经济、政治、军事、

---

① BARNETT R W. Beyond War: Japanese Concept of Comprehensive National Security [M]. Washington: Pergamon-Brassey's, 1984: 2-5.
② 科拉多·列塔. 亚欧会议的未来 [M].《亚欧会议的未来》翻译组,译. 北京:时事出版社,2003: 60.

外交、文化等多种手段相结合，发挥其综合安全的作用。①

"9·11"事件后，东南亚面临严重的恐怖主义威胁，东盟的"综合安全"观随之孕育成形。在日本提出的"综合安全观"的影响下，东盟安全合作理念发生了根本性的变化。首先，安全合作要扩展到人类生活的一切领域。这改变了以往以防止国家间抗争为唯一主导的国家安全理念和地区安全战略。其次，东盟的安全合作战略发生了实质性的变化。一方面，东盟加强了内部的双边、多边安全合作，并逐渐将合作重点转移到"综合安全"合作，这点尤其体现在反恐问题上。东盟各国签署《东盟联合反恐宣言》，并于2003年成立东南亚地区反恐中心，各国间加强反恐信息和情报的交流，召开以反恐为主的"综合安全"会议，在反恐问题上保持密切的合作态势。另一方面，东盟加强了与区域外大国和国际组织等外部力量的安全合作与交流。2002年8月，美国国务卿鲍威尔与东盟外长签署《合作打击国际恐怖主义联合宣言》。2003年10月，在曼谷举行的APEC会议上，反恐合作被不同寻常地列入了APEC会议的议题。

日本提出的"综合安全观"对"9·11"事件后东盟及东南亚各国安全合作理念产生了根本性的影响。在安全理念上，防止军事抗争已经不是地区安全战略的唯一主导，东盟各国开始有意识地扩大内部的双边、多边合作，同时加强外部的安全合作与联系。这在一定程度上促进了东盟安全共同体的形成和最终确立，也为日本加强与东盟及东南亚各国的安全合作和更深程度地介入东南亚安全格局提供了前提与便利。

二、"综合安全观"下日本与东盟的非传统安全合作

（一）从经济领域入手发展与东盟的全面关系

作为世界第二大经济强国，日本是东南亚国家经济上最为依赖的国家之一。日本与东南亚国家在二战后逐渐形成密不可分的经济联系。冷战后，日本力图改变其"经济大国、政治侏儒"的状况，谋求跻身世界政治大国和军

---

① 孙叶青.第二次世界大战以来日本安全观的形成与演变[M].上海：上海人民出版社，2014：280.

事强国的行列。东南亚作为其重点经营地区，日本在调整其重经轻政的地区战略时，仍重视利用经济手段和东盟对日本的经济依赖，意欲从发展双边经贸关系着手，发展与东盟国家的政治、安全关系，进而介入并主导东南亚安全格局。

2002年1月，小泉纯一郎访问菲律宾、印尼、泰国、马来西亚、新加坡等东南亚五国，并在访问新加坡期间签署《日新新时代经济伙伴关系协定》，内容涉及双边自由贸易和金融合作等，并发表题为《东亚中的日本与东盟——为建立真诚的伙伴关系而努力》的演说。[①] 在表示要强化日本与东盟的经贸合作关系外，小泉提出了建设"东亚共同体"的倡议。如笔者所述，这一以发展经济为初衷的地区合作设想，具有明显的政治、安全考量，这背后隐藏着日本通过主导地区经济合作，引入其盟友，进而主导地区政治、安全领域的野心。

2003年12月，日本—东盟非正式首脑会议在东京召开，这是东盟十国首脑首次共同出席在区域外国家举行的会议。会议发表了《日本—东盟战略协作伙伴关系东京宣言》以及为落实该宣言而制订的具体"行动计划"。双方就"东亚共同体"建设达成共识，并于2005年就建立自由贸易区展开正式谈判。日本还与东盟发展除经济外的政治、安全、社会、文化等广泛领域的合作。其中尤其值得关注的是，日本在这次会议上宣布加入此前由于担心会削弱日美安保体制而曾拒绝参加的《东南亚友好合作条约》，并试图将印尼的亚齐独立问题写入"行动计划"。这都表明日本有意深入参与东南亚地区冲突的解决，有意加强其对东南亚安全事务的影响力。

2005年12月，小泉出席第十一届东盟首脑会议。日本与东盟发表题为《深化并扩大日本东盟战略性合作伙伴关系》的共同声明。这是日本与东盟联合签署的文件中首次使用"战略性合作伙伴关系"一词。该声明明确表示，双方将基于平等立场共同致力于地区的和平、安全与繁荣。随着日本与东盟明确战略性合作伙伴关系的定位，双方明确将在"平等"的立场上共同处理

[①] 小泉総理大臣のASEAN諸国訪問における政策演説—「東アジアの中の日本とASEAN」—率直なパートナーシップを求めて［EB/OL］. 首相官邸网，2002-01-14.

地区安全事务。

此次会议上，日本还表示将通过东南亚开发基金等向东盟提供总额约75亿日元的财政援助。这是日本除积极发展对东盟的直接投资、双边经贸等经贸关系外，采用经济援助手段介入东南亚安全事务的有力例证。自从2003年日本通过《政府开发援助大纲》的修正案后，日本对东南亚的经济援助计划更多地将目标放在安全合作领域。就如小泉在其首相施政演说时所说："在ODA方面，（日本）将在努力提高其效率性与透明性的基础上，将重点放在能促进亚洲安定与成长、纷争后的和平与稳定等方面，实行战略性的活用。"[①] 近年来日本与东南亚国家的双边、多边安全合作的资金多半源自日本的对外援助拨款。在经济上强化援助对日本与东南亚国家开展安全合作、介入东南亚安全事务起了极大的推动作用。

（二）借反恐问题扩大防务合作

严峻的反恐与维和形势为日美两国在安全与防务方面的合作和日本对东南亚安全事务的介入提供了历史性机遇。

"9·11"事件后，东南亚地区的恐怖主义十分活跃，且呈现四处蔓延、愈演愈烈的态势。美国反恐战争扩大化，进一步引发美国与伊斯兰世界的矛盾激化。东南亚地区震惊世界的恐怖主义事件层出不穷。如"印尼巴厘岛爆炸案"和阿布沙耶夫武装绑架活动等。从比较突出的印尼、菲律宾到新加坡、马来西亚再到泰国、柬埔寨和缅甸，到处都有恐怖主义的影子。恐怖主义成为东南亚地区安全的现实威胁。基地组织向东南亚渗透和恐怖组织在当地实施的各种恐怖犯罪活动，造成了东南亚地区巨大的人员伤亡和财产损失。恐怖主义活动严重损害了东南亚国家的政治稳定和人民生活，严重影响了东南亚国家经济危机后的经济复苏与发展。

美国自"奈报告"提出后逐步在军事上重返东南亚。"9·11"事件后，美国以"反恐"为名加大了重返东南亚的力度。在美国看来，除伊朗、伊拉克、朝鲜等"邪恶轴心"国家之外，还存在着一个涉及泰国、印尼、菲律宾

---

① 何英莺. 从日本ODA政策的调整看日本外交战略的变化 [J]. 太平洋学报，2004（12）：88-96.

"恐怖新月"地带。为此,美国在东南亚地区开辟了"反恐第二战线"。日本与东南亚国家的经济关系紧密、人员流动频繁,东南亚的恐怖主义活动对日本的安全及其国家利益构成了严重威胁。与美国的同盟关系,也使得日本成为国际恐怖主义组织的可能袭击目标。因此,日本十分重视反恐问题。

针对东南亚的恐怖主义形势,日美两国加强了与东南亚国家间的反恐合作。通过日本的《反恐怖特别措施法》,日美两国加大了在东南亚地区的反恐合作力度。2001年10月,在阿富汗战争期间,日本国会通过了《反恐怖特别措施法案》《自卫队法修正案》和《海上保安厅法修正案》三法案,其中《反恐怖特别措施法案》是二战后允许日本自卫队在战争时期开赴外国领土的第一部法律,使日本自卫队可以以反恐的名义到世界上任何地方配合美国的军事行动。东南亚这一美国反恐的重点地区显然首当其冲。因此,在美国把反恐列为对东南亚政策第一要务,东南亚取代中东和中亚成为反恐战争主要战场的情况下[①],日本作为盟友在地区反恐中的作用大大加强了。

此外,日本也在"9·11"事件后着力加强同东南亚国家的反恐合作。2003年3月,日本举办了以增进地区反恐情报交流为目的的地区反恐会议,来自东南亚、中亚等国负责反恐事务的官员与会。同年12月在东京举行的日本—东盟非正式首脑会议通过"行动计划",强调要加强双方的反恐合作。2004年12月,日本与东盟国家签署了《东盟—日本反对国际恐怖主义联合宣言》,旨在加强双方的反恐合作。2005年7月,日本又举办了"东南亚反恐怖主义区域中心"反生化恐怖袭击训练研讨会。[②] 在具体领域,日本同东南亚国家的反恐合作体现在移民监管、航空安全、海关合作、出口控制、警务与执法行动合作、恐怖分子资金追查等方面。[③]

与美国的反恐合作,提高了日本在美日同盟中的战略地位,为日本自卫队在战后突破开赴海外的限制扫除了障碍。日本向东南亚国家反恐行动提供

---

① GARCIA D. U. S. Security Policy and Counter-Terrorism in Southeast Asia [J]. UNISCI Discussion Papers, 2004 (5): 3.
② Japanese International Counter-Terrorism Cooperation [EB/OL]. Ministry of Foreign Affairs of Japan, 2005-01.
③ 陈志. 美日同盟与东南亚地区安全问题研究 [J]. 日本研究, 2010 (4): 46-51.

经济和军事援助支持博得了东南亚国家的好感,密切了日本同东南亚国家的军事合作关系。同时,日本在东南亚地区安全格局中的地位得以提升。虽然各方在防务合作中所追求的目标不尽一致,但反恐仍然成为日本与美国、东南亚各国间防务合作不断扩大与深化的重要主题。

(三)日本积极介入东南亚反海盗事务

"9·11"事件的发生和马六甲海峡周边水域海盗活动的猖獗,使海上安全问题成为各国关注的焦点。据国际海事局统计,2001年南中国海地区发生海盗案件335起,2003年增加到375起。2004年东南亚地区有据可查的海盗袭击事件为445起,仅印尼海域就发生了121起。[①] 东南亚地区已经成为全球海盗活动最猖獗的地区之一。除了海盗袭击事件频发外,东南亚海盗犯罪还呈现高度集团化、专业化、网络化的特点。[②] 这严重影响了东南亚区域内海上交通要道的航运安全。

东南亚各国多年来深受海盗犯罪的困扰,但多数东南亚国家存在海上防范设备、技术落后,资金、专业人员短缺,执法能力不足的短板。"9·11"事件为日本推动与东南亚各国的海上双边安全合作提供了契机。

日本作为一个能源极度贫乏的岛国,保障东南亚海上交通安全对其有十分重要的意义。1998年至2003年,在东南亚海域发生的与日本船只有关的海盗袭击就达127起。[③] 海盗治理与其国家安全密切相关。同时,海盗这种敏感度较低、对自卫队的限制相对较少的非传统安全问题,给予日本争取更大军事活动空间、扩大日本在东南亚乃至亚太海上安全事务中影响力的机会。因此,日本对介入东南亚海盗治理事务给予高度重视,并以此为跳板,不断为自卫队松绑,为实现其政治、军事大国的最终战略目标服务。此外,日本出面介入东南亚海上安全事务,还在于"帮助美国填补因政治等因素而无法直接军事介入南海以及马六甲海峡事务而导致的安全保障上的空隙"[④]。2005年

[①] 王致诚. 海盗猖獗马六甲 [J]. 当代海军, 2004 (9): 38-39.
[②] 罗慧. 海盗横行东南亚海域 [EB/OL]. 人民网, 2001-07-13.
[③] BRADFORD J F. Japanese Anti-Piracy Initiatives in Southeast Asia: Policy Formulation and the Coastal State Responses [J]. Contemporary Southeast Asia, 2004, 26 (3): 483.
[④] 东京财团"面向新防卫大纲制定的紧急提案委员会". 关于制定新防卫大纲的18个提案 [EB/OL]. 東京財団政策研究所网, 2004-08.

2月19日，日美安全保障协商委员会会议发表联合宣言，将"维护海上交通线安全"列为12项地区"共同战略目标"之一。① 美日同盟试图以扩大日美联合防卫的范围来实现对东南亚海上通道的控制。在多种原因下，日本积极介入东南亚海盗治理问题。

首先，日本加强与东南亚各国的海上安全双边合作。21世纪初以来，日本以执行海上警察任务的海上保安厅为主要对外合作机关，通过日本国际协力机构（JICA）和日本财团等半官方和民间机构，帮助东南亚国家创建海岸警备队，提供人员、技术、设备等援助，加强与东南亚各国在海上安全领域的交流，并通过和东南亚国家进行意见交流、情报收集、共同训练等措施，积极推进和这些国家在打击海盗问题上的双边合作。自2001年起，日本海上保安厅每年都为东南亚相关国家的海上警备机构人员举办打击海上犯罪的研修，日本的海上保安大学也陆续接受来自相关国家派遣的留学生。② 2004年，日本提出与南海周边国家分享海盗情报活动的倡议，受到相关的高度重视③。多年来，日本政府对东南亚各国提供的各种援助和双边功能性合作项目④，使东南亚各国在海上安全事务中增加了对日本的依赖，并逐步放松了对日本介入相关事务的戒备。最明显的表现是，一向对域外大国的介入敬而远之的马来西亚、印尼也逐渐在有限的领域和程度上准予日本参与马六甲海盗治理事务。如2007年2月，马来西亚、泰国海事警察邀请日本海岸警卫队在马六甲海峡兰卡威岛外海举行了打击海盗的联合演习。

此外，日本积极构建以日本为主导的反海盗多边安全合作机制，将双边合作提升到区域多边合作。1999年10月，阿隆德拉·彩虹号事件爆发。以此事件为契机，日本通过与东南亚国家在政府和海上警备机关等层面上的合作，初步奠定建立相关机制的基础。2001年11月，小泉在东盟"10+3"会议上首先提议签署地区反海盗合作协议，从而催生了2004年11月日本与东盟10

---

① Joint Statement U. S. "Japan Security Consultative Committee" [EB/OL]. Ministry of Foreign Affaires of Japan，2005-05-02.
② 龚迎春. 日本与多边海上安全机制的构建 [J]. 当代亚太，2006 (7)：15-22.
③ THOMAS B. Scaling Rising Times：A Three-Pronged App roach to Safeguard Malacca Straits [R]. Singapore：Institute of Defense and Strategic Studies，2005：1-3.
④ 我が国の途上国に対するテロ対処能力向上支援" [EB/OL]. 外务省网，2010-06-02.

国以及中国、韩国、印度、斯里兰卡、孟加拉国等国在东京签署的《关于打击亚洲海盗活动和武装抢劫船只行为的地区安全合作协定》（ReCAAP），并构建了附属核心机构信息共享中心（ISC）。ReCAAP作为亚洲乃至世界范围内首个专门以打击海盗为目标的多边安全机制，标志着以日本为主导的亚洲反海盗多边合作机制的形成。2006年，在马来西亚举行了关于马六甲海峡安全对策的海上保安机构负责人磋商会议，包括中国在内的18个国家和地区的海上保安机构负责人参加此会，会议决定今后由日本海上保安厅协助各国进行海上执法共同参考模式研究，这意味着日本在事实上主导了地区海上执法规范。经过多年的努力，日本以反海盗作为突破点，建立起由自己主导的亚洲第一个海上多边安全合作机制。日本主导东南亚特别是马六甲海盗治理事务的夙愿得以达成。

不可置疑，与东南亚国家的双边合作和日本主导的多边机制的建构，为日本介入东南亚安全事务、扩大其海上影响力，创造了良好的条件。各国在海洋安全领域的资金、设备、人员、技术和规范等方面都日益受到日本影响，这为日本提供了增强海外军事存在、拓展海洋空间的机会。海盗威胁的存在也成为日本政府向外派遣军队的合法借口。2001年10月，利用反恐怖的有利时机，日本通过《反恐怖特别措施法案》等三项法案，并先后派出三艘战舰通过东南亚海域赴印度洋协助美国巡逻；2001年，日本海岸警卫队以打击海盗为名，派出一艘战舰到泰国和菲律宾执行巡逻任务；2001年秋，日本和菲律宾的海岸警卫队在马尼拉湾举行反海盗联合演习；2002年2月，派出大型巡视船赴东南亚海域协助东南亚国家打击海盗。2004年，印度洋海啸发生后，日本派遣近千人的联合部队及两艘军舰参与救援活动。2006年，日本政府内阁会议正式通过向印尼提供三艘巡逻艇的决定，首次把政府开发援助资金（ODA）用于向外国提供武器，突破了武器出口三原则的限制。① 据相关统计，仅2002年至2006年间，日本就派遣了552次舰艇途经南海海域、进入印度洋，开展为美国领导的多国部队执行燃油供给任务和在亚丁湾开展打击海

---

① 政府ODA：向印尼提供巡逻艇不适用武器三原则［N］．每日新闻，2006-06-13．

盗护航任务等国际合作活动。①

日本在海洋安全领域高调的举动,也引起了新、马、印尼等海上航线沿线国家的警惕。相关各国纷纷强调维护主权,反对外部力量直接的军事介入和主权干涉。在加强自身海上力量、提高自主海上防卫能力的同时,积极鼓励更多相关利益国家参与海上安全合作,以保障东南亚海上通道的安全。2005年3月张志贤在东盟地区论坛"地区海上安全合作"研讨会上就曾表示,本地区国家已就海上安全形势达成三项基本共识:第一,新、马及印尼三国应担负保卫本地区重要水域安全的首要责任;第二,其他利益相关的区域外国家和国际组织应予以相应支持;第三,在相互协商和国际法基础上加强海上安全多边合作。

此外,东南亚各国纷纷建立以日本海上保安厅为蓝本的海上警察组织,并在执法手段、设备、人员等方面全面接受日本警察文化的影响,这对未来的东南亚地区海上秩序可能产生深远的影响。

(四) 积极推动其他非传统安全领域合作

推进区域能源安全合作。随着东南亚地区自然资源的战略价值不断提高,日本意识到,东南亚各国的能源政策与日本能源供应的稳定性紧密相关,日本的能源安全也越来越与东南亚国家的能源安全密切相关。因此,日本努力促进东南亚国家制定能源安全应急反应措施,向相关国家提供经验和相关信息,并通过同东南亚各国的一系列双边和多边会议,提倡建立具有石油储备协调运用能力且在能源政策方面能开展合作的"国际能源机构"。2001年3月,日本主办了亚洲能源安全会议。2004年6月,日本牵头在马尼拉召开了第一次东盟与中日韩能源部长会议,并在会议中通过了"建立更加紧密的东盟—中日韩能源伙伴关系"的共同宣言。② 在具体措施的基础上,与会各国将构筑"能源伙伴关系"。此后,东盟与中日韩能源部长会议一直延续至今。与会各方就能源安全保障、石油市场、石油储备、天然气、节能等领域进行

---

① TANTER R. Japanese Indian Ocean Naval Deployment Blue Water Militarization in a "Normal Country" [EB/OL]. Japan-focus, 2007-04-21.
② 赤石浩一. 2030年のエネルギー需給展望 [EB/OL]. 経済産業研究所において, 2004-09-02.

广泛的讨论。2007年，在新加坡召开东亚峰会成员国首届能源部长会议（EAS-EMM），日本经济产业大臣与新加坡贸易产业部部长共同担任会议主席。日本推进区域能源安全合作，希望能与东南亚国家在经济上建立更紧密的联系，在保障日本能源安全的同时，在政治、安全上获得更多的话语权与存在感。同时日本能源外交受美日同盟的制约与影响，带有明显的在东南亚能源开发与投资领域中抗衡中国的意图。[①] 日本奉行排他主义的行为及与邻国的领土争端，也在一定程度上制约了其与东南亚的能源安全合作。

环境污染与自然灾害的防治。环境污染与自然灾害是东南亚面临的主要非传统安全威胁之一，日本注重环境保护。日本作为一个灾害频发的岛国，在灾害预防和灾后重建等方面有明显的优势。日本参与东南亚的环境污染保护与治理，为各国提供经济援助或相关贷款。东盟与中日韩三国的"10+3"机制中包含环境部长会议合作。同时，日本希望援助能够成为自身与东南亚各国处理环境及灾害防护问题沟通的桥梁。在历届"日本及湄公河诸国首脑会议"上，日本均表示要将援助重点运用于环境与气候变化、面对灾难的脆弱性等问题，提倡构建"东盟防灾一体化"，建立东盟防灾人道主义援助协调中心。[②] 当东南亚国家遭遇重大灾难时，日本积极进行援助，全力以赴提供国际紧急援助所需的各种支持。日本希望能够通过援助，提升自身在东南亚国家和民众中的好感度，提高自身在东南亚安全格局中的地位，最终实现其政治大国的目标。2004年印尼海啸后，日本在提供物资救援的同时，就趁机派遣海陆空自卫队前往当地进行紧急救援活动，这是日本海陆空自卫队首次同时开展海外行动。

跨国犯罪、传染病治理、粮食安全等其他领域。20世纪初，小泉提出"东亚共同体"概念时，就明确表示，日本不仅要继续通过联合国维和行动向印尼、东帝汶提供支持，更要加强与东盟的全面安全合作。其中，除了联合东盟在打击恐怖和海盗犯罪、确保能源安全、保护环境等问题上采取共同行动，更要在贩毒等跨国犯罪和防止传染病传播等领域加强合作。[③] 日本与东盟

[①] 焦金凤.东海大陆架的划界与中日关系[J].科技信息，2005（10）：58.
[②] 张博文.日本对东南亚国家的援助：分析与评价[J].发展与援助，2014（4）：34-82.
[③] 小泉首相在新加坡发表的外交政策讲话[N].每日新闻，2001-01-15.

非传统安全合作的范围持续扩大。

跨国犯罪给东南亚国家造成巨大的伤害，尤其是金三角地区毒品的蔓延所引发的东南亚地区的严重毒品犯罪。毒品犯罪还会连带滋生出武器走私、贩卖人口、武装抢劫等其他犯罪，给东南亚的地区安全带来阴影。2004年东盟与中日韩召开了首次打击跨国犯罪部长级会议，东盟10国和中日韩3国的与会代表就东亚各国合作打击跨国犯罪问题展开讨论。东盟与中日韩将共同面对的跨国犯罪明确划分为8种，并以全面、积极的合作方式对付这些依托先进技术进行的跨国犯罪。[①] 日本与东盟合作组织反海盗演习、打击海盗和恐怖组织，也在一定程度上打击了跨国犯罪活动。传染病具有暴发源头难确定、传播速度快的特点。2003年在中国和东南亚地区发生的非典型肺炎是传染病这种非传统安全威胁迅速扰乱地区经济稳定、社会安全的典型案例，同样引起了日本的高度关注与警备。

此外，日本还密切关注东南亚的粮食安全问题。日本企业自20世纪50年代开始就在东南亚地区购买土地发展种植业，并逐步将海外种植战略转化为保障其国家粮食安全的路径。经过几十年的发展，日本参与投资的跨国企业在海外种植投资中形成了较强的国际竞争力，能够按照当地资源禀赋高效配置农业资源，并积累了较为成熟的国际农业投资、风险规避和管理经验，对东南亚地区的粮食安全问题有一定的辅助和保障效应。

第四节 "9·11"事件后东南亚地区安全格局发展态势

在东南亚如此复杂的安全结构中，实际上包含了三个看上去相互抵触的基本要素，即霸权、均势与合作安全。这三个要素的相互作用、博弈，决定了东南亚安全格局的发展态势。"9·11"事件后，东南亚安全格局中的各极力量呈现出明显的均衡化趋势。

---

① 杨晴川. 中国和东盟签署禁毒合作行动计划 [EB/OL]. 人民网, 2000-10-13.

一、美国在东南亚安全格局中发挥关键性的作用

东南亚安全事务长期受区域外强权的左右。东南亚的稳定长期靠大国力量的博弈所形成的均势来维系。"9·11"事件后，这种趋势有更加明显的倾向。区域外大国仍在东南亚安全格局中发挥着关键性的作用。

一方面，"9·11"事件后，美国调整其全球军事战略，并通过战略调整加强其在东南亚安全格局中的主导权和影响力。美国将中东到东北亚包括东南亚在内的地区视为"不稳定弧"，尤其从孟加拉湾到日本海的东亚沿海地区存在着"特殊的挑战"，认为印尼、马来西亚、菲律宾等国政治动荡是地区不稳定因素，可能危及东南亚的稳定，美国应对东南亚地区安全事务加大介入力度。[1] 在此之下，美国加紧建构双边、多边军事同盟，建立起以美国为主导的多边安全机制，主导东南亚地区安全事务。另一方面，面对"9·11"事件后严重的地区安全威胁，一些东南亚国家欢迎美国扩大其在东南亚的军事存在，主动与美国加强安全合作，期望美国为东南亚地区提供更多的安全保障。在"霸权稳定论"下，东南亚国家在安全领域对美国依赖程度有所上升。"9·11"事件后美国推动反恐战争更加强了双方的军事安全合作，从而形成美国主导的地区安全网络。[2] 此外，金融危机后，东盟国家经济复苏步履艰难，东盟整体实力被削弱，部分东盟国家政治动荡、东盟国家间的争议凸显，东盟地区论坛权威性、活力与影响力都有所下降，再加上部分东盟国家受国内极端恐怖势力抬头等因素困扰，东盟在东南亚安全格局中的位置有所下降，从而使美国在东南亚安全格局中占据绝对的主导地位。

就日本而言，美国日益重视美日同盟，美国同菲律宾、泰国等东南亚国家的军事同盟关系，日美澳印同盟或准同盟关系的构建，都为日本介入东南亚安全事务、以美日同盟军事体制主导东南亚安全格局提供了有利的条件。此外，"9·11"事件后，美国对东南亚传统非友好国家的态度发生转变，美

---

[1] LIMAYE S P. Minding the Gaps: The Bush Adminis tration and U. S. -Southeast Asia Relations [J]. Contemporary Southeast Asia, 2004, 26 (1): 75.

[2] LIMAYE S P. Minding the Gaps: The Bush Adminis tration and U. S. -Southeast Asia Relations [J]. Contemporary Southeast Asia, 2004, 26 (1): 84.

国与马来西亚、越南、柬埔寨等国关系的改善，也有利于日本与这些国家进一步发展安全合作关系。日本在积极配合美国的东南亚战略的过程中，逐渐焕发出一定的自主性，开始寻找自己在东南亚安全格局中更大的可能空间。

二、东南亚安全格局呈现多元的发展形态

"9·11"事件后，美国作为全球唯一的超级大国，不断加紧在军事安全领域向东南亚地区渗透和扩张，大大加强了其在东南亚地区的军事力量存在和战略影响，美国企图建立以军事同盟为主导和主要内容的东南亚安全体系。在此之上，美日主导的同盟体系成为影响东南亚安全环境的最主要的外部因素，但这种军事实力的不平衡发展，破坏了东南亚维持地区安全所依赖的大国安全利益平衡的基础。另外，美国急于建立全球霸权体系、强行推广美式民主的举动，尤其是布什政府在东南亚开辟第二条反恐战线，在一定程度上促进了东南亚地区的局部性对抗与冲突，使得东南亚反美呼声逐渐高涨。[①] 比如，美国对塔利班实施军事打击后就在印尼引发了广泛的反美浪潮。2003年6月的一项民调显示，印尼人民对美国的整体好感度由2002年的61%剧降为15%。[②] 美国力量逐渐成为东南亚安全格局的威胁因素，再加上东南亚部分国家安全观念混乱，在此之下，东盟迫切需要探索一条解决冲突、保护地区安全的可行之路。

由于上述原因，"9·11"事件后，有关大国在东南亚地区存在着一些相互抵触的政策或主张。[③] 新兴大国脱颖而出，发展中国家及国际组织跨国治理能力增长，在相互竞争中逐渐形成多极化的历史进程中，美国坚持维持一超单极的格局，排斥东南亚安全格局的多元化发展形态。东盟、中国、俄罗斯积极主张多极化；日本在追求"正常国家"的道路上，为自身的长远利益考量，透露出多极化的倾向；东南亚国家多主张在安全合作之上，构建地区安

[①] 有学者认为，布什"为亚太地区选择了一条以单方面、技术性的优势使这一地区越来越不安全的道路"。参见：詹姆斯·赖利. 布什将战争带到东亚 [N]. 亚洲时报（泰国），2002-02-16.

[②] 李益波. 浅析奥巴马政府的东南亚外交 [J]. 东南亚研究，2009（6）：54-60.

[③] 牛军. 东亚安全的出路何在 [N]. 环球时报，2003-12-26.

全体系。各国从各自的国家政治和国家安全战略角度出发所主张的不同的地区安全体系理念，从另一个角度反映出东南亚安全环境的复杂性。在相互对抗与影响下，21世纪初东南亚安全格局呈现出多元的发展形态。

东南亚安全格局的多极化趋势，主要体现在多边安全机制的不断涌现和功能不断加强上。除了美国主导的双边军事同盟、美国之外的地区双边安全合作伙伴关系外，与东南亚相关的多边安全机制和包含安全议题的其他多边机制也逐渐显现。如东盟地区论坛、亚太安全合作理事会、亚信会议、东北亚合作对话、香格里拉对话、上海合作组织、六方会谈等。这些多边安全机制的兴起，使东南亚地区安全格局的基础逐渐从冷战时期的双边联盟转变为联盟体系与多边安全机制并存。

日本积极追随由美国主导的双边或多边军事同盟，并积极参与有关东南亚地区安全事务的其他双边或多边安全框架，在美日同盟与多极化倾向的不断徘徊中，追寻并巩固自身在东南亚安全格局中的一极地位。

三、东盟"独立自主安全观"下的东盟安全共同体

东盟安全共同体是在内外部多重因素的作用下促成的。从外部因素讲，随着非传统安全问题的凸显，东盟越来越重视非传统安全问题，也越来越重视非传统安全问题下东南亚国家的共同应对。"9·11"事件及其后的"巴厘岛爆炸案"等一系列恐怖袭击，也使东盟逐渐认识到，美国推行的霸权主义将给东盟的安全态势带来一定的威胁。从内部因素看，一方面，随着东盟等地区一体化组织的发展壮大，东南亚地区一体化进程的快速发展增强了地区的向心力，改变了东南亚地区的国际关系格局；另一方面，美日的强势介入，使东盟在地区的影响力下降。在许多国际舆论都认为，东盟很难在东南亚地区多边安排中发挥主导作用[①]的情况下，东盟"独立自主的安全观"逆势凸显。基于地区安全形势的严峻和东盟自主维护地区安全的决心，东盟提出建立共同面对安全困境的地区"安全共同体"。

2003年10月7日，东盟第九次首脑会议召开，东盟第一次提出建立"东

---

① 江西元. 变化中的亚太格局：特点与趋势 [J]. 国际观察, 2003 (1): 10-17.

盟安全共同体"的目标。与会东盟各国首脑通过《东盟第二协议宣言》，根据这一协定，东盟将在2020年（2007年第十二届东盟首脑会议上改为2015年）全面建成"东盟安全共同体"。东盟表示，东盟安全共同体的基本构想是在遵守《联合国宪章》和其他国际法原则的基础上，东盟通过一系列安全和政治对话以及协定、条约确保该地区国家在公正、融洽的环境中与其他国家和世界和平相处，同时成员国之间将依靠和平的方法解决地区内部分歧。① 可以看出，东盟安全共同体以尊重主权、基于安全对话与协商、不使用武力为核心原则，体现出东盟奉行的合作安全观和综合安全观②，但同时也表现出东盟自主地区安全事务的诉求。"东盟安全共同体"的建设正是东盟"独立自主"国家安全观的现实写照。在2004年7月召开的东盟地区论坛会议上，东盟提出了东盟安全共同体行动计划，这一计划包含了筹建东盟维和部队和建立东盟人权委员会等70多项具体建议，充分体现了东盟力求"在东盟地区框架内解决地区性的危机和安全问题"③ 的诉求。东盟希冀在安全共同体下，东盟能逐步摆脱对美国的军事安全依赖、排除域外大国对东南亚地区的军事干预，有朝一日能真正实现"地区安全地区解决"，自己保证自己的安全。

但东盟安全共同体建设受到诸多因素制约。东南亚是大国权力争夺的角逐场，东南亚各国间广泛的差异性和多样性、各国所处的安全环境和防卫目标不同，再加上各国与域外大国的关系不同，导致东盟的共同安全理念较难形成，使得东盟安全共同体的建设阻力重重。

美国主导东南亚地区秩序、东盟安全共同体的性质和决策方式都决定东盟不存在主导东南亚安全事务的能力。有学者认为东盟天然就不可能实现其主导地区事务的目标。④ 但东盟安全共同体仍将对东南亚安全格局产生积极的

---

① Declaration of ASEAN Concord II (Bali Concord II), Bali, Indonesia [EB/OL]. ASEAN, 2003-10-07.
② 韦红. 东盟安全共同体的特征及中国在其建设中的作用 [J]. 国际问题研究, 2007(2)：61-64.
③ 李肇星外长在第十一届东盟地区论坛外长会议上的讲话 [EB/OL]. 中华人民共和国外交部网, 2004-07-02.
④ 王士录，王国平. 走向21世纪的东盟与亚太东盟发展趋势及其对亚太的影响 [M]. 北京：当代世界出版社, 1999：428.

影响。东盟将在地区一体化的进程中成为亚太安全格局中的"一极"力量,影响东南亚安全态势,并在美、日、中三角关系中起平衡作用,促进亚太地区的和平与稳定。

四、东南亚安全格局中的力量均衡化趋势增强

在美国坚持的单极化倾向与不可阻挡的多极化趋势的碰撞与此消彼长中,东南亚安全格局中大国关系的均衡化趋势明显增强。这是几方面原因共同作用的结果:

首先,中国的崛起,东南亚地区"二元结构"的萌芽,促进了东南亚安全格局力量均衡化发展的趋势。21世纪初的东南亚安全格局,受中国崛起的深刻影响。中国崛起推动了东南亚地区安全格局的嬗变。东南亚地区格局已由过去的美国在经济、安全上全面处于主导地位,逐步演变为经济中心与安全中心相互分离的二元格局。① 东南亚地区逐渐形成由中美两国主导的、遵循新规则和规范的"竞争性复杂秩序",为此后东南亚形成"美国在安全上占据主导地位,中国在经济上占据中心地位"的"二元结构"奠定基础。

其次,安全威胁下,各国的应对与竞争,有利于各极力量的均衡化发展。东南亚崛起,使东南亚地区成为全球经济的焦点和各大国势力的博弈场。美国一超下的单极化倾向,给东南亚地区的安全带来了巨大的威胁,从而促使日本、俄罗斯、澳大利亚、印度等东南亚区域外的传统大国从长远角度规划调整本国的安全战略,在区域性问题上的合作与竞争,促使各国展开新一轮的综合国力竞争。美国的单极化地位无法撼动,但从大国均势的角度来看,各国的综合竞争有利于推进东南亚安全格局的多极化进程。

再次,非传统安全问题凸显,各国间安全合作增加。"9·11"事件后,恐怖主义抬头,随之海事安全、经济安全、跨国犯罪、生态环保、传染病等非传统安全问题日益凸显,威胁东南亚地区的安全形势。非传统安全问题借助全球化网络快速蔓延,也促进各国在安全领域的联系与合作。面对共同的

---

① 周方银. 中国崛起、东亚格局变迁与东亚秩序的发展方向[J]. 当代亚太, 2012 (5): 4-32, 157.

威胁，单个国家或传统军事联盟均无法独立面对威胁，这就决定了各国在东南亚的安全格局中相互制约，却又不得不针对具体的问题进行多种形式的合作，而各国间的安全合作，增强了东南亚安全格局中战略关系均衡化发展的趋势。

最后，在地区安全问题上，东盟采取"大国均衡"战略作为处理大国关系的主导思想。"大国均衡"战略最早由新加坡提出后经东盟广泛认同并成为东盟处理大国在东南亚地区关系的主要思想。"大国均衡"的核心理论是"均势"和"制衡"，利用各大国的实力，使各大国之间相互牵制，防止某一个大国的势力过于强大，使各大国的影响力在东南亚达到一种均衡的状态，从而达到维护地区安全与稳定的目的。东盟的"大国均衡"战略，表现了东盟的态度，也促成了东南亚安全格局中的均势趋势。

东南亚保持和发展协调性的关系框架，构成东南亚地区总体安全格局基本稳定的基础。[1] 相对稳定的大国均势格局、各国在东南亚安全格局中的竞争与影响、面临共同的安全威胁、一个国家或传统的军事同盟无法应对非传统安全威胁、东盟采取"大国均衡"战略等因素，决定了未来东南亚安全格局的力量均衡化还会进一步增强。东南亚安全格局的未来发展仍要取决于霸权、均势与安全合作这三种要素的相互作用与相互影响。

在东南亚安全格局中的力量均势趋势下，中美日三国协调越来越被认可与重视。21世纪初，东南亚安全格局表现为美国霸权模式和多边合作安全模式共存并立。[2] 中美日三国在东南亚的安全关系将是在相互制约的大前提下，不得不针对不同的问题进行多种形式的合作。[3] 这符合大国协调的范畴，且大国协调不具备排他性，不以国家政治和意识形态划线，更高效，也更灵活，不损害亚太地区其他国家的利益，也不妨碍现行其他地区安全机制的运行，因而遭到其他国家反对的可能性较小。[4] 美国2007年发表的第二份《阿米蒂

---

[1] 张蕴岭. 如何认识中国在亚太地区面临的国际环境［J］. 当代亚太, 2003 (6): 3-14.
[2] 屈彩云. 战后日本在亚太安全格局中的身份建构［J］. 当代亚太, 2010 (6): 123-139, 122.
[3] 牛军, 王东. 中美日安全关系与东亚安全环境［J］. 国际经济评论, 2005 (6): 55-57.
[4] 于铁军. 中美日协调是当前构建亚太地区复合安全架构的重点［J］. 国际政治研究, 2011 (1): 18-22.

奇—奈报告》认为,"东亚的稳定将特别取决于美日中三角关系"①。日本前防卫次官秋山昌广认为,"日美中三国间的经常性对话、建立信任措施与安全合作,对于三国以及所有其他国家来说,都将是一种有利的安全安排"②。张沱生则指出,"应尽快把开展中美日三边安全对话提上日程"③。无论如何,在中美日三国协调的框架下,日本都获得了自己在东南亚安全格局中的一席之地。

第五节　21世纪初日本在东南亚安全格局中的地位和作用评析

21世纪初,日本的东南亚安全战略进入加速转型期。这既是对冷战后日本的东南亚安全战略变革的延续与发展,也是此后日本进一步觊觎和介入东南亚安全事务的开端。在"9·11"事件后东南亚安全形势的显著变化下,日本的东南亚安全战略逐渐明晰,但也表现出一定的战略徘徊性。中国的崛起给日本介入东南亚安全格局创造了一定的有利条件,也使日本的东南亚战略充斥着越发明显的地缘政治斗争考量。总的来说,21世纪初日本加大了对东南亚安全格局的介入力度,但在多极化趋势下,日本在东南亚安全格局中的地位有所下降。

一、日本的东南亚安全战略逐渐明晰

冷战后,日本对自己的身份定位逐渐清晰,即作为一个世界性的战略国

---

① ARMITAGE R, NYE J. The U. S. -Japan Alliance: Getting Asia Right through 2020 [R]. Washington, D.C.: Report for Center for Strategic and International Studies, 2007.
② 秋山昌广. 日美中安全对话的可能性 [M] //王缉思. 中国国际战略评论2009. 北京: 世界知识出版社, 2009: 273.
③ 张沱生. 新形势下对中国对外政策的若干思考 [M] //王缉思. 中国国际战略评论2011. 北京: 世界知识出版社, 2011: 110.

家维护自己的安全利益。① 相应地，日本的东南亚安全战略也逐渐走向清晰。从"模糊"到"清晰"，是21世纪初日本东南亚安全战略最突出的特征之一。鉴于日本战后的国家身份，"模糊性"是日本安全战略不得不采取的曲线路径，随着日本"普通国家化"目的的确立，"战略清晰"成为日本东南亚安全战略最显著的倾向。

"在认识防卫能力对安全保障重要作用的同时，在各个领域竭尽努力，以期在确保我国安全的同时，达成亚太地区乃至世界的和平与安全。"② 日本的安全战略在模糊的外衣下，发生了实质性的根本变化，结合"周边有事"法案等，日本的安全视野逐渐超出本土防卫，向具有进攻性的"攻守平衡"战略转变。日本通过参与维和、打击海盗等安全合作，已将其武装力量的触角伸向东南亚及世界。

拉住美国，借船出海，并在此基础上，利用一切可以利用的资源，成为东南亚安全格局的主导者，是日本不变的既有战略。除了利用美日同盟提高自身在东南亚政治、安全事务中的存在感，无论是通过修宪扩大自主防御能力，还是积极谋求政治大国地位，日本都离不开美国的支持。此外，"9·11"事件后美国对东南亚传统非友好国家的态度发生了更大变化，在一定程度上改善了美国在东南亚地区的形象。美国和东南亚国家关系的改善，也有利于日本与相关国家进一步发展友好关系。在可以预见的时期内，美日同盟都将是日本介入东南亚安全格局的重要基石。

二、日本表现出明显的战略徘徊性

在美国的庇护下，日本对东南亚安全事务拥有重要的影响力，但地区安全格局的多极化发展趋势，也在一定程度上削弱和牵制了日本在东南亚安全格局中的力量。日本逐渐认识到，只有以东南亚地区为依托，回归并参与其中，才有机会成为地区事务的主导者，再加上日本逐渐萌发的自主要求，都

---

① 刘强. 论日本国家安全战略调整：基于日本战略文化和战略意愿的视角［J］. 国际观察，2009（5）：45-51.

② 平成21年版防衛白書［EB/OL］. 防衛省·自衛隊网，2009-07-28.

使得日本国内"回归亚洲"的呼声越来越高。因此，有学人提出，不论是小泉纯一郎的"对美一边倒"还是鸿山由纪夫的"回归亚洲"，抑或野田佳彦的"重新拥抱美国"，日本的东亚政策始终在"美日同盟"与"亚洲一员"之间徘徊。① 日本的东南亚安全战略也一样，左右徘徊。

首先，日本提出为追求广义的国家利益，要将对美中俄等大国关系建构在综合性大战略架构中，逐渐摆脱在双边关系架构上思考日美关系，这表明日本要逐渐自主，摆脱对美国的依赖。其次，日本提出"东亚共同体"这一地区合作机制整合的设想，带有从冷战秩序逐渐过渡到地区合作秩序的企图，体系的存续与变迁对地区安全结构来说极其重要，这从另一个侧面表现出日本地区合作道路的倾向。最后也是最直接的体现，就是近年来日本积极改善和加深与东南亚地区主要国家的关系、积极参与东南亚地区双边或多边的安全合作，如小泉表示要通过促进东盟地区论坛的发展，把日本同东盟的合作和整个东亚的合作联系起来。② 第八届东盟"10+3"外长会议上，日本也同其他与会国家一起承诺，将共同应对区域的各种挑战，促进地区和平、稳定发展。③

21世纪初，日本通过多边协调形成东南亚多边安全保障机制的主张越发明显。这反映了日本在东南亚安全事务中与美国单极化要求截然不同的多极化倾向，日本倾向于通过中美日协调来实现东南亚稳定，将自己放在东南亚安全格局的主导者的位置上，也希望能整合地区各种机制形成一个多层次复合效能的安全体系，并在这样的安全格局中居于引领者、塑造者乃至掌握者的位置。

三、中国的崛起使美国、东盟在安全格局中更倾向日本

（一）中国的崛起让美国更重视美日同盟关系

21世纪初，美国认为东南亚地区成为其全球安全战略的新不稳定区域，

---

① 谢洋艺. 东亚合作背景下的日本东亚地区政策研究 [D]. 北京：外交学院，2012：40-44.
② 小泉首相在新加坡发表的外交政策讲话 [N]. 每日新闻，2001-01-15.
③ Chairman's Press Statement of the 8th ASEAN Plus Three Foreign Ministers Meeting [EB/OL]. Manila，2007-07-31.

因而对东南亚地区安全事务格外重视。小布什政府为维持美国在东南亚安全中的绝对主导地位，而推行大国遏制战略。随着中国的经济崛起，美国开始将中国视作其全球霸权的头号竞争对手。这在2001年美国发布的《四年防务评估报告》和《2025年的亚洲》等文件中都有所体现。然而美国对中国的态度是矛盾的。经济上，中美双方的合作不断深入。安全合作中，美国需要中国的协助和配合。因此，"9·11"事件后，美国逐渐形成应对中国崛起对美国可能影响的基本政策框架，即在争取与中国合作的同时，加强对中国的战略防范。在此政策框架下，美国根据其全球安全战略和反恐需求，积极推动中国加入构筑东南亚、东亚乃至亚太的多边安全体系。中美关系得到较大的改善，但同时，美国时刻不放松对中国的防范，在安全格局中处处考虑对中国的限制与掣肘。在21世纪的前十余年中，中美关系逐渐摆脱冷战后以战略合作为主的特征，而逐渐形成"相互依存不断上升的竞争关系"①。

在对中国崛起因素的考量中，美国对美日同盟给予了更大的重视与发展空间。美国通过重新定义美日同盟，促进日本与美国其他同盟的联结与合作，来预防中国崛起及东南亚多极化趋势所带来的区域势力变化，维持并巩固美国在东南亚地区乃至亚太的唯一超级大国的地位。在自身安全战略需要下，美国支持日本放松"和平宪法"限制，支持日本所谓"正常国家化"，希望日本能够配合美国在东南亚地区乃至全球发挥更大的作用。由于美国对美日同盟的重视，日本在形式上成为与美国更加平等的同盟伙伴。在美国的支持和怂恿下，日本参加反恐战争，并逐渐冲破"专守专卫"原则。日本也在美日联盟的保驾护航下，逐渐介入东南亚安全格局。

（二）东盟在安全事务上对中国的防范，有利于日本的介入

在21世纪初的东南亚安全格局演变中，中国影响力趋于上升，但"中国威胁论"并没有消弭。

东盟对待中国在经济上和安全上持完全不同的态度。在经济上，东南亚国家对中国的看法出现积极的变化，越来越多的东南亚国家认识到中国经济的巨大潜力，希望能与中国进行深入的经济合作。2001年11月，第五届东亚

---

① 王帆. 中美竞争性相互依存关系探析［J］. 世界经济与政治，2008（3）：25-32，4.

领导人会议上，东盟做出与中国在未来 10 年建立"中国—东盟自由贸易区"的重大决定。泰国总理他信亦指出，由于日本经济出现不确定局面，因此，年均增长超过 7%、与东盟经济有巨大互补性的中国，正在成为东亚地区经济发展的巨大希望。① 2004 年 9 月 4 日，东南亚 10 国正式承认中国的市场经济地位。② 中国与东南亚的经济交往日益加深。

经济上交往的密切，并没有加深双方政治、安全事务上的互信。在东盟的"大国均衡"战略中，制衡中国是其主要考量。面对中国在东南亚地区急剧上升的影响力，东盟对中国始终怀有疑虑，因为地缘上的靠近和部分历史原因，东盟认为，中国是一个雄心勃勃的地区强国。美国介入东南亚安全事务较久，东盟认为美国相对可靠，是一个相对"温和的超级大国"。日本由于近 10 年的经济停滞不前，它在东南亚的影响力已大幅下降。印度是正在崛起的亚洲大国，又是中国和东盟的邻居，它处在一个非常有利的战略位置上。③因此，东盟认为，有必要扩大美国、日本及印度等大国在东南亚地区的存在与影响力，以制衡中国。④ 马来西亚首相马哈蒂尔亦表示，由于东南亚与中国的产品结构相似，不久可能会被中国产品压垮，希望日本采取积极的东南亚政策，以平衡中国日益增大的影响。⑤ 由于对中国的防范，东盟从"大国平衡"战略出发，希望日本能更积极介入东南亚事务，平衡中国力量。从这个角度讲，东盟在地区安全格局中对日本是具有一定的倾向性的。这为日本加强与东盟及东南亚国家的双边、多边合作，奠定了良好的基础。

四、在东南亚安全格局的构建中，日本以进行地缘政治斗争为重要目标

21 世纪初，日本深切地感受到来自中国的全方位的挑战，尤其在日本介入和借助美日联盟构筑东南亚安全格局中，更是日益受到来自中国的压力。

---

① GLORIA M A. Asean Prepares To Take On Trade Giants [EB/OL]. The Wall Street Journal, 2002-07-30.
② 东盟 10 国正式承认中国市场经济地位 [EB/OL]. 人民网, 2004-09-06.
③ 曹云华. 在大国间周旋：评东盟的大国平衡战略 [J]. 暨南大学学报（哲学社会科学版），2003 (3)：11-21.
④ 曹云华，唐翀. 新中国东盟关系论 [M]. 北京：世界知识出版社，2005：76-77.
⑤ 马哈蒂尔访日纪实 [N]. 產經新聞，2002-01-14.

一方面，中美关系的改善和加深削弱日本在中美日战略三角关系中的地位与影响。"9·11"事件后，虽然美国一直对中国持警惕态度，但中美关系仍有较明显的改善。美国需要中国参与安全合作，中美经济关系也进一步加深。小布什政府对华政策逐渐回归以往美国对华政策的主流。在东南亚地区安全事务中，美国缓和处理与中国的竞争关系，更重视维持中、美、日三国协调的平衡。这有利于东南亚地区安全格局向和平稳定的方向发展，但对日本来说，中美关系的缓和使其在谋求地区主导地位中备受压抑。

另一方面，中日经济上的竞争关系日益凸显。21世纪初，随着中国经济的崛起，中日两国在亚太地区的竞争关系进入实质性发展阶段。2002年，在东京召开的"亚洲的未来"国际研讨会上，与会者一致认为："亚洲的重心正由日本转向中国。"① 日本越来越深切地感受到来自中国的压力和挑战。中日在东南亚地区的竞争矛盾也日益严峻。东南亚对日本的经济繁荣至关重要的作用。随着"中国—东盟自由贸易区"协议签订，作为东亚秩序的首倡者，日本不甘心在自由贸易区建设、地区秩序建构上落于中国之后，而与中国在东南亚经济、政治、安全事务上展开了全面的竞争。

因此，在这个阶段，尽管中日两国在确立战略互信关系上做出了积极的努力，但日本在政治和安全上制衡中国的意图越发明显。日本对中国的态度也具有一定的徘徊性。在"战略性亚洲外交"的方针下，在现实利益的促动下，安倍倡导"日中战略互惠关系"，但在具体的地区安全事务中，在意识形态的对立和日本国内不同政治派别的较量和影响下，又处处防范和制衡中国。

首先，小泉纯一郎于2002年提出"东亚共同体"的构想，具有明显的制衡中国的意味。其后自民党历届政府都主张通过"10+6"模式削弱中国的影响力，以争夺对地区事务的主导权。其次，日本重新定义美日同盟，将美日同盟关系视为其在地区利益的基石。如同安倍的智囊冈崎久彦所述："坚持并强化美日同盟是日本从历史经验中总结出的长期基本国策。面对日益强大的中国，日本只会在美日同盟的框架中来考虑日中关系。"② 再次，日本积极发

---

① 亚洲的重心正在转移 [N]. 经济新闻，2002-05-25.
② 中日学者交锋·关于美日同盟再编 [N]. 国际先驱导报，2006-12-28.

展同东南亚国家和其他区域外大国的双边、多边合作关系,在肆意散播的"中国威胁论"下,拉拢一切可能的力量,共同制衡中国。2005年,日本前驻华公使宫家邦彦便提出,针对中国崛起,日本的最佳战略是"与拥有共同战略利益的海洋国家结成军事同盟","在中国周边地区建立包括中东和中亚的'扩大'亚洲的亚洲大陆'实力均衡',重新构筑对华外交"①。最后,日本积极干预南海问题、台海问题,以制衡中国。南海问题、台海问题被列为日美共同战略目标,"干预南海、台海,以制衡中国"成为美日同盟的关注重点和战略指向问题。如2008年,中国与东南亚诸国围绕南沙问题发生争论时,日本就极力拉拢越南、菲律宾等涉事国和美国、俄罗斯、印度等域外大国,企图结成某种外交联盟联合对付中国。

21世纪初,中国经济的快速崛起改变了地区的权力结构和安全格局。面对中国在东南亚地区力量的逐渐增强,日本感受到巨大的压力。受国内政治的影响和美日同盟本质的要求,日本的东南亚安全政策始终以进行地缘政治斗争为其重要目标,并据此制定安全战略与相关国家展开安全合作。这是日本东南亚安全战略不变的底色,这在一定程度上给东南亚安全形势带来了负面的影响,也为日本对东南亚安全格局的介入设置了障碍和阻力。

五、日本有效介入东南亚安全格局,但其在格局中的影响力有所下降

客观来说,21世纪初,日本对东南亚安全格局的介入是有一定成效的。"9·11"事件后,日本的东南亚安全政策进入调整和动荡期,其突出的特点是以"正常国家化"为主要的动力和旗帜,依靠美日军事同盟,强化军事力量,不断扩大同盟体系,积极发展与相关国家的安全合作,争取扩大自己在东南亚安全事务中的发言权,加强对东南亚安全格局的影响力。

"9·11"事件后,日本不再只强调国际体系的权力变迁,更开始突出东南亚安全环境的威胁。日本充分利用可以利用的各种"事态",东南亚反恐形势与海事安全日益严峻、海洋领土争端的激化、中国势力的崛起、东南亚安

---

① 宫家邦彦. 海洋国家が取るべき大陸戦略:日中国交回復以来の対中外交のぁり方を変えよ[J]. 中央公論, 2006(1): 252-262.

全合作的困境等，都被日本拿来当作其不断强化日美军事同盟、发展自身防卫力量的筹码。日美军事同盟关系，为日本深入介入东南亚安全格局提供了契机和捷径。同时日本提出了自己的东亚合作倡议和明确的外交理念与外交主张，显示出日本在刻意凸显意识形态的因素下，对政治、安全事务的介入野心和自诩为"战略大国"的外交图谋。在介入东南亚安全格局的具体方式、方法上也有所变化和改进。相比冷战之后的举措，日本更注重在东南亚安全事务中综合运用多种手段，如在保护东南亚海事安全、构建"多层次结构模式"的海洋安全合作机制进程中，日本所使用的战略手段就呈现多元化和综合化特征。军事、外交、经济和法律等多种手段相互配合，灵活运用于机制构建中。[1] 在海事安全合作中，日本特别注重发展同东盟国家、印度等海上通道沿岸国的关系，积极同有关各国开展海上情报分享、安全对话、联合演习等活动。在其他安全领域的双边合作、多边参与的层面上，日本也重视综合运用外交、经济和法律等多种手段。从日本介入路径来看，为消除东南亚各国的疑虑，21世纪初后，日本不再追求传统安全领域的合作，如共同军事演习、巡航等，开始以多边外交为途径寻求机会。其逐渐从非传统安全领域功能性合作着手，逐步介入较为敏感的传统安全领域战略合作，所依赖的途径也从日本政府直接出面主导转变为借助半官方半民间性质的日本团体和警察机构。从与海峡各国合作方式来看，日本采用人道主义救援，技术、人员、资金支援等相对温和的方式参与，以不刺激东南亚国家戒备心理的功能性援助着手。此外，日本还采取研修班、培训技术人员等较易为相关国家所接受的方式，与东南亚国家积极展开安全合作。在这些努力下，日本较顺利地介入东南亚安全事务中，在东南亚安全格局中占有一席之地。

但综合来看，21世纪初，在多种因素的综合影响下，日本在东南亚安全格局中的影响力是下降的。如前所述，东南亚安全合作多极化趋势受中国崛起、美国更专注于应对自己的棘手问题、中美关系改善下的压力等因素影响外，日本自身的经济衰退、政治困境，历史原因和东南亚国家感受到日本的军事威胁等，也是造成其在东南亚安全乃至地区事务中影响力逐渐下降的重

---

[1] 龚迎春. 日本与多边海上安全机制的构建 [J]. 当代亚太, 2006 (7): 15-22.

要因素。

　　首先，冷战后日本经济的长期低迷在一定程度上削弱了日本对东南亚经济援助的实力。日本内需疲软，阻碍了日本与东南亚地区的经济合作。日元在经济竞争中的货币贬值，影响东南亚金融市场的稳定、阻碍东南亚经济体系的健康，影响东南亚国家的经济发展和东南亚的经济安全。其次，在国内新民族主义思潮的影响下，日本政治呈现出总体保守化、右倾化的趋势，"普通国家"观念已深入日本政坛，并在政坛中占据主流意识。① 加上日本国内经济结构改革举步维艰，各派政治势力纷纷依赖于通过加快走向"普通大国"的步伐来巩固自己的政治基础。这也使得日本的野心毕现，引起东南亚国家的警惕。再次，2002年起，小泉政府不能正视日本的侵略历史，在历史教科书、参拜靖国神社等问题上一意孤行，激起中、韩和东南亚相关国家的强烈不满，导致日本与这些国家双边关系迅速降温或出现倒退。最后，日本在经济不振的情况下，加大军事投入、修改宪法等追求成为地区军事大国的举动，也引起了东南亚国家的不安和警惕。

　　经济上的衰弱、政治大国的企图、历史问题的掩饰和军事扩张野心，使得日本在东南亚地区的形象和对东南亚安全事务的影响力逐步降低。未来日本对东南亚安全格局的介入仍将受到日本经济的不振、政坛的不稳定、美日联盟与回归亚洲的徘徊属性和国民的非理性性格等因素的负面影响。

---

① 沈海涛. 外交漂流：日本东亚战略转型 [M]. 北京：社会科学文献出版社，2015：191.

第三章

2008年后日本东南亚安全战略的全面转型

第一节 日本在美国东南亚安全布局中的地位提升

一、美国全球安全战略重心东移

奥巴马政府的亚太战略包括前期的"重返亚洲"战略和其后的"亚太再平衡"战略,表现出美国明显的战略重心转移的倾向。作为包含军事、经济、外交等多个领域的国家战略,无论是"重返亚洲"还是"亚太再平衡",都表现出美国对亚太地区的重视,其战略目标都是使美国在亚太格局中拥有独一无二的绝对的掌控力。

美国的战略重心东移,是多方面因素作用的结果。首先是伊拉克战争和反恐形势日益明朗。美国开始着手关注东南亚和东亚地区。其次是亚太经济成为世界经济的引擎。亚洲经济的整体性崛起,以中国为代表的新兴国家经济的快速发展引起全球秩序和力量格局的调整。美国应该为亚洲建立一个更成熟的地区安全与经济体系。① 最后是中国崛起,美国日益注重中国因素,尤其是防范中国可能的军事崛起。

从美国战略东移的主要缘起也可以看出,"重返亚洲"和"亚太再平衡"战略虽然包含诸多领域,但实质上更多地表现为军事安全战略。在"重返亚

---

① CLINTON H. America's Pacific Century [J]. Foreign Policy, 2011 (11): 59.

洲"战略的实施过程中,军事安全意味突出。在"亚太再平衡"战略下,美国军事部署加强、军事领域合作更为频繁,更多地表现为一个军事安全战略。① 无论是构建地区安全体系、解决安全问题还是应对中国可能的军事崛起,奥巴马政府时期的亚太战略都更多地体现和着力在安全层面。

二、美国的东南亚安全战略和对日定位的调整

"重返亚洲"和"亚太再平衡"战略都是为了维护美国在亚太的战略领导地位,但奥巴马政府面临战略资源不足的制约。2008年经济危机后,美国经济受创不振;中东动乱、乌克兰危机等问题在一定程度上分散了美国的战略资源;奥巴马政府吸取之前伊拉克、阿富汗战争的经验教训,在全球安全事务中实行战略收缩;更为重要的是,在亚太经济的迅速发展下,区域一体化进程和中国崛起造成的地区力量的结构性变化使美国日益感到自身对地区的主导力有所受限。

在此背景下,美国的东南亚地区政策发生了两个明显的转变。

其一是美国将维持其在东南亚的绝对领导地位放到了前所未有的高度。美国越来越重视东南亚地区。2009年1月奥巴马上台后,美国全球战略重心东移的行动开始落实。同年2月,美国国务卿希拉里访问印尼并首次造访美国驻东盟秘书处,显示出对东南亚地区的重视。随后,希拉里于7月出席东盟地区论坛,并高调宣布美国正在"重返东南亚",将致力于发展与东南亚各国的伙伴关系。美国还正式加入了由东盟成员国签署的《东南亚友好合作条约》。在此之下,美国加强了同新加坡、菲律宾、越南、泰国等东南亚国家的军事防卫合作,宣布向新加坡、菲律宾、马来西亚等国出售先进武器,与泰国、越南等东南亚国家展开军事演习,结束对印尼特种部队的制裁并开始与印尼发展军事合作关系。在经贸领域,为了转移国内经济下行压力,奥巴马政府致力于全面发展与东南亚各国的经济贸易关系。此外,美国积极推动TPP(跨太平洋伙伴关系协议)谈判,意欲在经济合作领域强化与东南亚地区相关国家间的关系,以TPP来牵制没有美国参与的东盟经济一体化。在外

---

① 董顺擘. 奥巴马政府亚太战略与日本的战略诉求 [J]. 东北亚学刊,2014 (5): 26-31.

交领域，奥巴马政府提倡"巧实力"理念，在东南亚地区尝试全面接触政策。改善同老挝、柬埔寨、缅甸等过去疏远的东南亚国家的外交关系，频繁接触东南亚国家，以提高在东南亚地区的影响力。

其二是奥巴马政府出于全球战略考虑，决定将日本打造成美国东南亚乃至亚太战略的支点，积极鼓励日本在东南亚安全事务中发挥更大的作用。一方面，奥巴马政府的全球安全战略发生变化。在2010年的美国《国家安全战略报告》中，奥巴马政府将布什政府的干涉方针转为有限战略，更重视通过安全合作、加强美国的经济实力来维持美国在全球事务中的领导地位。在此战略背景下，美国"亚太再平衡"战略将同盟视为基石。另一方面，因为短板，美国不得不在东南亚事务中倚重日本。在此之下，美国有意深化美日同盟，同日本协调制定新的安全合作指针，把美日同盟体系推向新的高度。2010年美国《国家安全战略报告》明确表示，同盟是美国军事力量存在的基础，并将日本、韩国、澳大利亚三国定位为美国在亚太地区的"关键盟国"，并"鼓励盟国与友邦提高自身在安全事务中的地位"，在地区多边安全合作中发挥更大的作用。同时，在东南亚，美国要加强与"正式盟友"（菲律宾和泰国）的关系，深化与"战略伙伴"（新加坡）的合作，同"可预期的战略伙伴"（越南、印尼和马来西亚）发展新的战略关系。[1] 2012年8月，美国战略与国际研究中心的报告《美日同盟：亚洲稳定的基石》，核心就是探讨如何加强美日同盟及未来美日同盟走势等问题。其核心政策建议就是在"空海一体战"战略构想实现上日本紧跟美国步伐完成军事装备和作战能力的配合。随着美国对亚太安全格局和美日同盟体系的日益重视，美国在亚太的战略布局逐渐由重北轻南向南北并重转化，南北对接趋势显现。[2] 在南北对接的趋势下，日本在美国同盟体系中的战略定位日益重要。

三、日本为实现其国家战略诉求而积极配合美国调整东南亚安全政策

日本认为美国的"重返亚洲"和"亚太再平衡"战略有助于巩固和提升

---

[1] 杨伯江. 美国战略调整背景下日本"全面正常化"走向探析[J]. 日本学刊, 2013(2): 3-15.

[2] 张景全. 美日同盟与美国重返亚洲战略[J]. 国际问题研究, 2012(5): 46-54.

其在东南亚地区乃至国际上的影响力,进而介入东南亚安全格局。因此,日本积极调整自身的国家定位及对外政策,一方面为修复受损的日美关系积极配合美国,一方面为实现自身的东南亚战略诉求而刻意利用美国所能带来的便利。

(一) 日美在东南亚利益和需求高度契合

东南亚地区的经济快速发展举世瞩目。日本和美国都认为,东南亚经济的崛起为本国经济增长提供了契机。因此,两国都表现出紧跟经济发展脉向、掌控东南亚发展机遇的强烈意愿。无论是美国日益重视的贸易伙伴,还是日本所宣扬的"日本经济开始进入切实有效的良性循环,将进一步为本地区和世界发展做出更大的贡献"[1],日美都想借助东南亚发展态势确立大国地位和谋求领导权的重塑,以确保对地区事务的掌控。在此背景之下,日本各界开始热衷讨论"权力转移"问题,日本政府也积极开展"俯瞰地球仪"外交、"民主菱形"外交、"积极和平主义"外交、"价值观"外交,宣扬要为维护国际和平做出更多贡献。日本的地缘优势和美国的战略优势,在此之下产生了两者相互借重的需求和契机。同盟作为日本追求国家利益最大化的工具性特点也更加突出,日本在外交安全战略上试图实现从"美日同盟下的日本战略"走向"日本战略中的美日同盟"[2]。

(二) 谋求"正常国家地位",成为日本国家安全战略的重中之重

随着日本成为美国第一岛链的核心棋子,美国对美日同盟的重视,使日本迎来"正常国家"的历史机遇。希拉里在《美国的太平洋世纪》中提到美国将通过三个原则升级与同盟国家的关系,即维持与同盟国家在主要政治目标上的共识,确保同盟国家能及时调适以成功应对新挑战和抓住新机遇,确保同盟国家在防御能力和通信基础设施方面能有运作能力和物质力量以阻止国家或非国家行为体带来的挑衅。[3]美国出于自身战略需要,进一步强化、升级与同盟国家的关系,符合日本的国家安全战略,有助于日本破除修宪的外部阻力。

---

[1] 日中韩首脑共同记者发表 [EB/OL]. 首相官邸网, 2005-11-01.
[2] 李薇. 日本的国家定位与历史反思 [J]. 国际经济评论, 2012 (4): 36-46, 5.
[3] CLINTON H. America's Pacific Century [EB/OL]. Foreign Policy, 2011-10-11.

2012年安倍二次执政后，日本政治更加保守化，修宪、摆脱战后体制、使日本成为"正常"国家的野心日益明显。在尚不具备修宪条件情况下，安倍政权谋求通过"迂回"修宪，来解禁集体自卫权、架空宪法，但是，安倍的意图受到日本国内部分政治力量的反对。要实现其目标，安倍需要美国的支持。同时，安倍推行的安保理念及政策符合美国的战略需求。安倍在日本国内政权稳定且强势，有助于落实美国的战略部署。奥巴马政府的"亚太再平衡"战略对安倍政府的安全政策起到助推作用。日本与美国国家安全战略不谋而合。

在大力推进"解禁集体自卫权"立法进程的同时，日本的安全战略方针也发生了显著变化。2013年日本成立国家安全保障会议（日本版NSC），并制定首个"国家安全保障战略"（NSS）。在日本公布的首份国家安全保障战略所描绘的路线图中，除了大篇幅"强化日本的防卫能力"外，强化美日同盟、深化与日本伙伴的外交与安全合作、加强与国际社会在各种全球性议题上的合作是实现日本"正常国家化"战略意图的最新体现。[1] 参与国际安全合作并借提升合作能力之名增强军事实力，扩大政治影响，谋求"正常国家"地位，成为日本国家安全战略构想的重中之重。

在此背景之下，安倍政府除强化美日同盟、提升军事实力、构建"综合机动防卫体制"外，更积极向海外派兵、参与地区和全球安全事务，以提升其国际影响力。在东南亚地区，日本更多地通过渲染地区威胁而介入东南亚地区安全事务。

（三）日本利用美国对中国的忌惮实现自身对东南亚安全格局的介入诉求

亚太地缘政治格局的变化，为日本进一步介入东南亚安全格局提供了有利的大环境。中美在亚太战略竞争态势的加剧，提高了日本在亚太地区的战略价值，为美国松绑日本提供了理由。地区政治格局的变化，使日美的亚太战略均做出相应调整，为日美强化安全合作提供了可能。

进入21世纪后，中国在亚洲迅速崛起，中日间结构性矛盾日益凸显。尤其是2010年中国的GDP超越日本成为世界第二大经济体，使日本在东亚地区

---

[1] 国家安全保障戦略について（2013）[EB/OL]. 防衛省・自衛隊網, 2013-12-17.

的领头雁地位发生动摇,东亚出现中日两强并立的新局面。在试图努力扭转这一局势的同时,日本一面极力遏制中国,一面积极同美国的"亚太再平衡"战略相呼应,共同抵制中国崛起。

重返亚太之初,美国注重与中国建立新型的建设性关系,引起日本的担心。后东亚呈现中日两强并立的地区结构,引发中美两国的安全博弈。美国对中国的关系由建设转向制衡。在2011年后,美国逐渐确定以制衡中国为中心的亚洲战略。"重返亚洲"和"亚太再平衡"战略包含明显的制衡"中国崛起"的考量。在东南亚区域,美国一面加强同东南亚国家的伙伴关系、加强对东南亚地区组织的渗透;一面积极扶持日本,并强化日本同菲律宾、泰国等美国盟国间的关系,试图打造为其抗衡中国提供有力支持的东南亚安全格局。美日同盟逐渐由双重遏制中日向单一遏制中国转化。

在与美国制衡中国利益一致性下,日本在地区制造热点,引起美国的关注,并刻意用美国对中国的忌惮实现自身的国家利益诉求。比如,2010年中日钓鱼岛争端爆发后,日本政府公布了《2011年度以后的防卫计划大纲》,表明继续"深化和发展美日同盟"的构想,即在确保日本安全、应对地区威胁和塑造国际秩序等方面进一步巩固和深化与美国的安全合作,共同应对"中间区域事态"①。这有利于日本完成自身"正常国家化"的目标,为日本进一步介入东南亚安全格局创造条件。

第二节 日本东南亚安全战略的调整

国家利益决定国家的安全战略。日本的东南亚安全战略始终与其国家利益密切相关。② 日本是一个岛国,"若其脱离与外部世界的关系,就无法确保

---

① 平时和有事之间的中间区域,即日本周边频繁出现的可能危害日本安全利益的不违法军事行动。参见:李秀石. 解析日本"动态遏制"战略 [J]. 国际展望, 2012 (2):45-52.

② 周建明,王海良. 国家大战略、国家安全战略与国家利益 [J]. 世界经济与政治, 2002 (4):21-26.

其生存和经济发展，这是日本安全保障的现实，但是，更无法否认的现实是，地理上更近的东亚、东南亚地区安全对日本的影响最直接"①。东南亚安全既是日本国家安全的保障和基础，也是日本谋求大国地位的源泉和根基。从日本国家利益来说，维护东南亚的经济发展、掌控东南亚的安全事务符合日本国家安全利益的核心。

一、意图构建以日本为核心的亚太新秩序

2008 年后，日本独立意识进一步增强，随着民主党上台执政，美日同盟经历短暂的阵痛期。

2009 年 9 月，日本国内政局发生历史性变局，自民党失去自 1955 年以来的执政党地位，民主党上台执政，鸠山由纪夫当选首相。当选后，鸠山由纪夫提出"对等的日美关系"，要求提高日本在美日同盟中的地位。外交上独立自主的倾向也有所加强。他在 2009 年 8 月表示，"在伊拉克战争失败和金融危机爆发的背景下，这个由美国主导的全球主义时代正在走向终结，我们也因此将跨入一个多极化的时代"②。公开地表达了日本希望独立美国成为世界一极的愿望。在此之下，鸠山批判美国资本主义、美国式的市场经济和全球化，拒绝继续给印度洋美国海军舰队供油等举动，都使美国十分不满，在国际上打压、冷遇日本，美日同盟受到严峻考验。虽然借"天安舰事件"，美国借机强化了与日本间的军事合作关系，重新确认了同盟在盟国外交安全中的基础地位，但民主党执政不力，政权更迭频繁，失去民众信任，使得日美关系在民主党执政时期迟迟没有得到太大改善。直到 2012 年 12 月安倍晋三二度上台，日美关系才开始朝修复、强化方向发展，并在 2015 年版"指针"中得以重新确认。

除此之外，日本对美国亚太战略的持续性与成效性表示担忧。2008 年，美国次贷危机引发全球金融海啸，将从经济停滞中艰难恢复的日本再次拖入泥潭。2009 年民主党接任自民党上台执政后，也一再爆发政治危机。再加上

---

① 江畑謙介. 安全保障とは何か [M]. 日本：平凡社，1999：60-62.
② YUKTO HATOYAMA. A New Path for Japan [N]. New York Times, 2009-08-27.

<<< 第三章　2008年后日本东南亚安全战略的全面转型

美国的战略调整及力量收缩，日本国内质疑美日同盟可靠性的声音日渐增多。由于美国的经济不振，以及有观点认为美国更重视中东和平问题，因而，日本对奥巴马政府的亚太战略表现出了一定的担忧。[①] 2011年中东大变局、2013年奥巴马缺席APEC会议与东亚峰会，都引起了国际社会关于美国能否向亚太投入足够力量并主导该地区局势的发展展开广泛的讨论。[②] 这些都进一步加重了日本对美国亚太战略持续性与成效性的担忧。

在日本对国家利益最大化的追求下，日本的独立意识进一步加强。不论是美日同盟经历阵痛期，还是日本对美国亚太战略持续性与成效性的担忧，都决定日本在国家利益的促动下，寻找独立介入、掌控东南亚安全格局的道路。东亚安全秩序及其安全体系结构的塑造成为影响日本地区战略重要问题，如何在未来秩序塑造中获得主动、获取优势乃至主导东南亚安全体系和秩序，成为日本国家战略转型的重要目标。在此之下，日本提出东亚共同体设想和《太平洋宪章》等战略构想。

（一）东亚共同体设想

2009年9月，宣扬"友爱"的鸠山由纪夫提出"东亚共同体"设想，以其作为日本外交的支柱。鸠山的"东亚共同体"设想涵盖了东南亚、东北亚、南亚和大洋洲等广阔范围。以欧盟模式为蓝本，在"东盟+6"的基础上，构建具有政治、经济、安全功能的共同体。尽管相较于小泉时期的"东亚共同体"设想，鸠山的"东亚共同体"设想更含蓄委婉，但两者攫取东南亚乃至亚太格局主导权的目标是一致的。首先，"东亚共同体"的构想，以"民主国家"数量优势来增强日本在共同体中的地位，具有明显的牵制中国的考量。其次，鸠山的"东亚共同体"设想具有明显的安全考量。如同鸠山公开表示的那样，共同体的构建包含能源、环境和灾难救助等安全领域[③]。最后，日本致力于构建以日本为核心的亚太政治经济新秩序，并公开表示，推动"东亚

---

① 对中关系构筑的焦点[N].每日新闻，2013-04-12.
② 孙茹.略论美国亚太"再平衡"战略的长期性[J].当代世界，2015（2）：41-45.
③ 吴寄南.新世纪日本对外战略研究[M].北京：时事出版社，2010：168.

共同体"的实现是日本理应采取的战略,日本应当担任领导者。① 日本以构建东亚共同体为其主导亚太地区秩序重塑进程的平台,强化对亚洲的外交,具有引领亚洲国家改变由美国主导的地区安全模式的企图。②

此后,鸿山内阁秉承"友爱精神"和"亚洲一员"的理念,再次强调"东亚共同体"的构建。但极具理想主义色彩的"东亚共同体"设想,终究囿于现实而难以展开。

(二)回归亚太,加强与东盟的安全合作

日本在国际金融危机后美国整体影响力下降的形势下,表现出明显的加强与亚太地区合作的意愿。正如日本 2010 年《防卫计划大纲》所提出的③,要建立日本自身努力、与同盟合作、亚太地区合作、国际合作等多层次安全合作模式,将地区合作纳入安全合作体系。这也表明日本日益重视亚太、具有明显的回归亚太的倾向。

日本的亚太合作包含四个层次,即美国在亚太的同盟、印度等国、中俄和东盟国家。其中特别强调,与中、俄只是在非传统安全领域发展合作关系,而要维持和加强与传统东盟伙伴国家在安全领域的合作。表明日本对东盟安全事务的重视。基于此,日本一方面竭力通过加强美日同盟来"拉住美国",另一方面则主动出击,积极介入东南亚地区安全事务。为美国"重返东南亚"牵线搭桥的同时,借机拼凑制衡中国的地缘安全网络,进而扩大其在东南亚安全事务中的发言权和影响力。

(三)太平洋宪章

2012 年 1 月,野田佳彦首相将"太平洋宪章"确定为日本的新战略。"太平洋宪章"的主要内容包括:"首先扩充目前只有九国加入的'跨太平洋伙伴关系协议'(TPP)框架;其次是以 APEC 为主体,以 2020 年为目标,

---

① 转引自:屈彩云.战后日本在亚太安全格局中的身份建构[J].当代亚太,2010(6):123-139.

② HOSHIRO H. Building an "East Asian Community" in Vain: Japanese Power Shift and Regionalism in the New Millennium [EB/OL]. ISS Discussion Paper Series F-172, 2015-12-18.

③ 参见日本防衛省・自衛隊网站《新たな防衛大綱(2010)》。

构筑涵盖整个亚太地区的亚太自由贸易圈，制定贸易和投资方面的共同规划。"在安全方面，"太平洋宪章"基于国际法提出一个规范体系，用于处理海上航行自由及和平解决冲突等事务，意欲建立各国之间多层面的安全合作关系。

"太平洋宪章"囊括经济、安全等多个领域，强调美日同盟的领导作用，把中国和俄罗斯纳入宪章下的约束范畴。这里面日本有明显的想扮演地区领导人角色的企图。在由日本主导的东亚共同体无法成形的情况下，加入TPP、依靠美国，增强自身安全保障的同时，加大自身在东南亚、东亚地区安全合作中的话语权。归根结底，所谓"太平洋宪章"是日本为将21世纪打造成自己的太平洋世纪的筹谋。

二、安倍执政时期日本的东南亚安全战略调整

对东南亚战略的经营与各种新倡议的提出，几乎是每一位日本首相上任后的重要政策之一。2012年12月，安倍晋三背负着民众对他的期待，以"夺回""强大的日本"的口号和历史使命登上了首相的宝座。上任伊始的安倍内阁，对上一届野田内阁的安全政策进行了全面调整，其东南亚安全战略也有所调整。2013年2月23日，安倍晋三在美国战略与国际问题研究中心发表主题为"日本归来"的演讲。安倍高呼"日本回来了"（JAPAN is BACK），日本将继续谋求东南亚安全格局的主导权。

安倍对东南亚安全政策的调整受内部和外部原因的多方促动。安倍认为冷战结束后"国际性恐怖主义和地区性冲突使得包括日本在内的安保环境越发严峻，将继续推动外交和安保政策调整"[1]。此外，更为重要的是，安倍上台时的亚太地缘政治格局是决定日本自身定位的宏观因素，为日本介入东南亚安全格局发挥作用提供了有利的大环境。中美在亚太战略竞争态势的加剧，美国对待中国的态度和方针发生改变，中日结构性矛盾凸显，提高了日本在亚太地区的战略价值，为美国松绑日本提供了理由。

---

[1] 第百八十五回国会における安倍内閣総理大臣所信表明演説（平成25年）[EB/OL]. 首相官邸网, 2013-10-15.

安倍政府的东南亚安全格局的战略调整主要在两个方面：一个方面是态势调整，一个方面是实施东南亚安全战略的多方面调整。

（一）日本东南亚安全战略的态势调整："安倍主义"

2013年1月，安倍上任伊始，即展开对东南亚的访问，并在印尼发表"东南亚外交新五原则"，日本将之称为"安倍主义"。同被视为日本对东南亚外交准绳的"福田主义"一样，安倍发表的"东南亚外交新五原则"也包含了日本对其东南亚政策设计的含义，代表日本对东南亚安全战略的调整态势。

安倍的"东南亚外交新五原则"主要内容是：第一，必须在两大洋连接起来的这一地区，巩固和普及自由民主、基本人权等普世价值观。第二，由法律而非力量支配的自由、开放的海洋是公共财产，日本愿与东盟国家全力维护海洋权益和航行自由，欢迎美国重视亚洲的政策。第三，积极推进日本与东盟国家的经贸合作，促进投资，推动日本经济复苏，并与东盟各国共同繁荣。第四，将努力促使日本与东盟各国之间在文化交流中结出更多硕果。第五，促进日本与东盟各国年轻人的交流。[①] 从内容来看，安倍主义包括重视东南亚"两大洋连接部"的地理位置；共同推进"价值观外交"；与东盟一道维护海洋权益，反对武力支配；欢迎美国重返东南亚；将"航行自由"视作美日同盟与东盟携手的抓手；发展与东盟全方位的关系等方面的内容。

相比"福田主义"，"安倍主义"的东南亚政策的着力点有着很大的不同。"安倍主义"不再提"日本不做军事大国"的内容，更明确地将自己的政策核心转向地区安全规范和秩序的塑造上。安倍强调"日本外交与安全的重建"，强调"发展与东盟各国之间的关系……开展战略性外交"；日本瞄准"21世纪的东亚及亚太地区秩序，同时作为地区合作的核心力量"，作为美国在这一地区的盟友和伙伴、"规则的推进者、共同资源的守护者"，对美国等民主主义诸国而言，获取"主导性地位"，使"日本无论是现在还是将来，都不会沦为二流国家，日本也将东山再起"[②]。"安倍主义"的提出，将日本意

---

① "宽容、谦虚、相互学习的亚洲"：安倍总理在第19次国际交流会议"亚洲的未来"晚餐会上的演讲 [EB/OL].日本国首相官邸网，2013-05-23.
② 安倍晋三.日本は戻ってきました [EB/OL].首相官邸网，2013-02-23.

欲掌控东南亚安全格局的野心彻底暴露出来。

安倍针对东南亚战略提出的"日本外交新五原则"承袭了安倍构建"民主安全钻石"的想法。日本谋求与东南亚国家共建海洋国家的安全共同体的想法，明确地阐述了安倍上台后对地区安全格局构建的设计。安倍想借助美国重返亚太的时机，借助于东南亚国家在南海问题上的安全忧虑，与东南亚国家强化"海洋国家"的"命运共同体"关系，借以制衡中国。在这个过程中，日本强化了与东南亚国家的安全关系，在中国与东南亚国家间打入"楔子"，凸显了日本在东南亚安全格局中的作用。

(二) 日本实施东南亚安全战略的多方面调整

安倍时期日本的东南亚安全战略的具体内容和内涵主要体现在对东南亚安全格局的战略设计和结构安排上。安倍宣扬"军事复国"，在此基调下，日本调整后的东南亚安全战略进入落实阶段，为了布局和实施相关战略，安倍做出了多方面的调整。

1. 推动日本全面提升军事实力，解禁"集体自卫权"

强化自主防卫能力是安倍政府东南亚安全政策中的重要组成部分，是体现和落实日本东南亚安全政策的主要依据。日本先后通过新《防卫计划大纲》《中期防卫力量整备计划》及二战后首个《国家安全保障战略》，标志着日本防卫体制的全面调整及重新定位。为建设"综合机动防卫体制"，日本大肆扩张军事力量，增强军事实力。安倍政府重视军事力量建设及军事费用的投入，在防卫预算上逐年增长，连续五年创下历史新高[1]。此外，日本重点改革本国军事体制，力求建立符合行使集体自卫权要求的正规部队，突出军事一体化建设。安倍政府还提升了日本对国际安全事务的介入能力。实现"自卫队要坚定履行从日本到世界的各种条件下的不同任务"的目标。[2] 日本政府在加强双边与多边训练与演练的同时，加强了与美国之外国家，尤其是东南亚国家、南亚国家的防卫合作，通过签署双边或三边防卫合作交流备忘录等形式，把这种防卫合作固定下来，形成固定的合作机制。仅从2014年7月到2015年

---

[1] 日本防卫费的三大秘密 [EB/OL]. 新华社, 2017-02-27.
[2] Defense of Japan 2015 · Foreword "On the Publication of Defense of Japan 2015" [EB/OL]. Minister of Defense Gen Nakatani, 2015-04-15.

3月，日本就同法国、印度、西班牙、菲律宾、卡塔尔、印尼等6个国家签订了防卫合作交流备忘录。①

安倍内阁大力推进"解禁集体自卫权"立法进程，通过强化"对美支援"来构建军事大国化发展路线。2013年12月，安倍政府推出《国家安全保障战略》、新版《防卫计划大纲》和《中期防卫力量整备计划》三份文件，标志着日本军力建设的不断升级及防卫政策逐步进行根本性的调整。2015年9月，日本政府酝酿已久的安全保障相关法案在参议院全体会议上获得最后通过，并于2016年3月正式生效。新安保法的通过，意味着战后日本长期坚持的"专守防卫"政策的颠覆、"集体自卫权"的解禁。曲线修改"和平宪法"，新安保法案的通过，使"和平宪法"最具本质意义的第九条名存实亡。拥有了事实上的"交战权"和真正意义上的"军队"，日本几乎已经实质性实现了摆脱战后体制，在军事上从相对克制变得更具有主动进攻性和独立性。这也使得日本自卫队武力介入海外冲突合法化。对此，安倍声称，"将进一步巩固亚太地区的和平、安全与繁荣，有助于提升美日同盟的威慑力"②。日本武装力量的海外派遣与军事存在将向常态化方向发展，自主或协同美国等国干涉国际安全事务、插手他国内政的局面可能成为现实。③

2. 进一步巩固美日同盟

美国"亚太再平衡"战略将同盟视为基石。在奥巴马政府的亚太战略下，美日同盟表现出由双重抑制中日两国向单一抑制中国转化的倾向。这种倾向导致日本进一步刻意利用奥巴马政府的亚太战略，提升其在美国战略中的存在感，以在同盟框架下寻求更多的活动空间。为此，安倍政府试图通过强化自身实力、主动向美示好、官方明确表态、完善同盟机制、缔结双边协议、强化军事合作、促进日美政府协调机制、深化两国利益、在重大问题上站队、推行与美国相同的价值观、配合美国亚太战略等方式，力求在东南亚乃至亚太地区战略指向上与美国的地区战略完美对接，进而加深日美战略互信、巩固美日同盟关系，以达到自身利益的最大化。

---

① 防衛年表［EB/OL］. 防衛省·自衛隊网，2015-11-04.
② 安倍会见美海军作战部长称安保法有助于提升威慑力［EB/OL］. 环球网，2015-10-16.
③ 袁杨. 详解日本新安保法案［N］. 解放军报，2015-10-23.

2015年4月修订的《日美防卫合作指针》，使美日同盟的合作内容更广泛、合作机制更明晰、合作空间更宽广。此次"指针"修订被视为两国"防务关系的历史性转折点"和"同盟历史上的新高点"。[①] 经过此次修订，美日同盟得到进一步的巩固和强化，由传统安全合作同盟变为全方位安全合作同盟，由区域性同盟变为全球性同盟，由防御性同盟变为更具进攻性的同盟。其中尤其值得关注的是，在此次确认下，美日同盟发生本质转换，即美日同盟由"主仆关系"向"伙伴关系"转变，由"非对称性的随从"转向"对称性的伙伴"，由从属型同盟变为更加平等互助的同盟。日本在同盟中的地位被大大提高了。

美日同盟体系在安倍执政时期得到全面强化，强化内容包含军事合作、联合作战、海洋安全合作、防空和导弹防御、情报合作、共同训练演习、后勤支援等各个领域及层面的全方位合作。日美军事行动一体化、日美军事合作的泛地区化乃至全球化，以及军事行动的一体化成为趋势。

3. 多层次安全合作格局的构建

2013年12月，安倍政府发布首份国家安全保障战略（NSS），提出以"基于国际协调的积极和平主义"作为日本外交和国家安全的指导方针，在"强化日本防卫能力"的基础上，深化美日同盟，开展联合国外交，积极发展与盟国的安全合作关系，表明日本多层次安全合作构想日渐完善。多层次合作安全战略下，日本的战略目标更多地向地区和国际安全领域扩展，手段也更趋多元，但其中的核心就是构建多边安全架构。

对外战略上，安倍政府试图以"战略外交"补充军事力量上的短板，建构多边安全架构扩展自身在东南亚安全格局中的战略地位。在美国的支持下，日本积极与美国的盟友发展安全合作关系，更积极主动地构建日美韩、日美澳印等多边战略对话，且希望将战略对话机制进一步升级为控制东亚地区的更有效的菱形安全共同体，即所谓"民主安全砖石菱形"。以抗衡中国，并通过渲染地区威胁，进一步介入东南亚安全格局。多边机制既是日本对美日同

---

① Joint press Conference with Secretary Carter, Secretry Kerry, Foreign Minister Kishida and Defense Minister Nakatani in New York [EB/OL]. U. S. Department of Defence，2015-04-27.

盟的维护，也是日本扩展东南亚战略空间，提高自身在安全格局中地位的手段。

日本"多层次安全合作"构想中的政治军事意图明显。早在2005年，日本著名外交咨询机构"国际论坛"就曾向小泉政府提出，建立东亚有共同"政治意志"和能力的国家或地区组合，建立东亚地区美国的盟国集合体，"构筑多层次合作网络"，以东亚安全合作保障共同体作为日本主导东亚地区安全秩序的重要支柱，为日本主导东亚新秩序提供战略保障的主张。[①] 归根结底，日本希望通过安全合作保障共同体主导东亚地区的安全秩序，东南亚地区当然也包括在内。

4. 地区安全机制的整合

整合东南亚地区各种安全机制形成一个多层次复合效能的安全体系，并在这样的安全体系中居于塑造者、引领者乃至掌控者的位置，一直是日本东南亚安全战略所追求的重要目标和终极目的。尽管凭借美日同盟安保体制，日本一直在东南亚安全格局中居于核心的重要位置，但是随着日本独立性的日益增强和追求国家利益最大化的野心逐渐增加，在美国的扶植下，在美日同盟体系下构建东南亚地区安全格局，突出自己的主体地位，成为安倍时期日本东南亚安全战略的明显意图。

为此，日本努力摸索、探讨建构地区安全体系的可能结构框架。日本强调安全体制这一概念，希望塑造一个以北约为目标和范本的新体制。日本期望的具体结构形态是将以东盟为核心的安全机制与以美国为核心的同盟安全机制有机地联结起来，在二者之间建立起稳定的合作、互动机制，使其发挥整体性效能。在这样的地区体制下，日美两国主导这一机制。日本充当"北约中的英国"角色、与美国保持"特殊关系"的同时，获得美国对日本在东南亚地区独特的地位和作用的认可，进而使日本获得东南亚安全格局主导者、控制者的优势地位。为此，日本做出多种努力，除强化美日安盟、争取提升自己在联盟中的地位外，日本还积极发展同东南亚地

---

① 日本国际论坛. "构筑东亚安全保障合作体制"的政策咨询报告 [N]. 世界周报（日本），2002-12-31.

区的安全合作关系。在地区多边安全合作中,日本积极推动东盟地区论坛改革,通过扩张其功能,落实"预防外交",增设纠纷解决机制,努力主导东盟地区论坛的常设机构;在海洋安全中,在向马六甲海峡沿岸国家提供物资、人力、防卫等支援的同时,借机主导马六甲海峡反海盗安全合作机制。日本还积极发展和加强同美国在东南亚地区的盟国、东南亚地区组织的双边、多边合作关系,以增强自身在东南亚安全事务中的影响力。另一方面,日本又通过TPP这样的机制建设扩展安全的范畴,从安全和经济等多方面追求地区安全机制的整合。TPP作为日本谋求塑造东亚地区安全体制结构、掌控东亚安全主导权的一个重要例证,它对日本来说不只是经济问题,更是安全战略问题。① 因此,美国提出TPP后,日本毅然扛起大旗,推动全面与进步跨太平洋伙伴关系协定(CPTPP)的最终落实。美国的退出使日本获得了一个在东南亚安全格局中独自发挥作用的平台,日本寄希望于该机制继续发挥其经济和战略两方面的功能,这也是日本所一直希求的。日本希望TPP成为其东南亚乃至东亚经济与安全体系构建的基础。进而寻求以自己为主导建构、塑造、引领东南亚、东亚地区的安全规范与安全文化,最终介入和影响东南亚安全格局。

第三节 日本对东南亚安全格局的介入

一、重视海洋安全战略调整:从非传统安全问题转向传统安全问题

近年来,日本介入东南亚安全格局有一个明显的倾向,就是越发重视对东南亚海洋安全领域的介入。日本标榜自身的"海洋国家"身份,以建立海洋大国为目标,力图以"海洋立国"战略为依托构建东南亚海上安全合作框架,并有越来越明显的试图借此框架主导东南亚地区安全格局的倾向。在此之下,日本的海洋安全战略逐渐调整,逐渐由过去的海上非传统安全领域合

---

① 白石隆. 中国的崛起与东亚的改观 [EB/OL]. Nippon中文网,2012-09-26.

作为主转向传统安全领域合作为主。

（一）防治海盗，保障海上通道安全

日本一向重视海上通道的畅通与安全的维护，但2008年后，尤其是安倍第二次上台后，日本的海洋战略发生嬗变。之前以非传统安全领域为主的有关于海上通道安全问题和东南亚国家的合作逐渐转向传统安全领域。日本不但在《国家安全保障》战略中明确提出有关于海上通道安全的战略指向，表现出对相关问题的迫切关注，更有意将东南亚海上通道安全问题严重化和扩大化，以增进和东南亚相关国家的传统安全领域军事合作，实现日本海洋安全战略的调整，进而借此介入东南亚安全格局。

日本重视东南亚海上通道安全的直接原因是，对日本至关重要的东南亚海上生命线频频出现危机，安全问题始终难以解决。2005年马六甲海峡发生102起海盗事件，占世界海盗事件总数的37%[1]，到2011年更发展为237起海盗事件，达到世界海盗事件的一半以上。[2] 日本船只也屡屡受到侵害和损失。

日本在东南亚的海上通道安全合作，集中体现在国内法制修改和与东南亚安全合作上。2009年，日本政府以打击索马里海盗为借口，声称既有的《海上保安厅法》《自卫队法》存在严重缺失，进而在国会通过了《关于海盗行为处罚及海盗行为对应法》。在该法案下，日本在反海盗方面的能力和范围得到了质的提高。首先，日本海上自卫队的防范能力得到提升，日本一般自卫队员可持武器在海上搜查、缉拿海盗，对明显靠近商船的海盗船进行射击。其次，日本军舰与自卫队的防范对象不再局限于日本船舶，其他国家船舶也同样在日本护航范围之内，大大延伸了日本自卫队的海上行动范围。最后，借打击海盗之名，日本开始试图建立海外军事基地。2011年日本正式在吉布提建立军事基地，并于2015年进行扩充，在东非与西印度洋地区获得了军事据点。自卫队得以"借船出海"，活动空间进一步拓展。在国内战略上，安倍

---

[1] 政府開発援助（ODA）白書：第1部第2章第6節海の安全確保へのアジア沿岸諸国への支援マラッカ海峡の安全航行への施策［R/OL］. 外務省网，2006-12.

[2] ソマリア沖・アデン湾における海賊対処に関する関係省庁連絡会［EB/OL］. 内閣官房网，2013-03.

政府更设计确定了保证海上通道安全的目标，即旨在成为主导海上通道安全的海洋大国。将提升自卫队反海盗能力，维持海洋秩序列入《国家安全保障》，并于2013年发布《海洋基本计划》，制定确保海上通道安全的相关政策。在一系列筹划下，日本维护海上通道安全的范围扩大，介入打击海盗的行为主体由民用武装力量的海岸警备队转变为军事力量的海上自卫队。在奠定相关法律基础之上，日本在东南亚海洋安全领域的武装水平和行动能力都得以大幅提升。在此之下，日本积极开展与东南亚海上通道沿线国家的军事安全合作。

日本提出应对东南亚海上通道的各种威胁，应该采取应对海盗的必要措施，在确保海上交通安全的同时，推进日本与各国间的海洋安全保障合作。日本《国家安全保障战略》提出："日本作为海洋国家，应加强与海洋国家之间的合作，包括马六甲海峡以及日本西南地区的航海线等重点区域，日本应积极主导该国际秩序，共同维护开放和稳定的海洋。同时，也要加强防范海盗确保海上交通的安全，共同推进海上安保合作。"① 日本通过相关的防务政策和国际安全合作，明确了日本在东南亚地区的合作伙伴、合作内容及合作目标。日本认定的合作伙伴为"占据日本海上通道要冲的传统伙伴东盟各国"以及与日本"存在海洋安全保障共识"的国家。合作内容的主要方式是日本发挥其海洋监控能力，加强构筑综合性的国际网络。进一步增加与海上通道安全保障相关的双边和多边联合训练等方面的合作。合作目标是为支援海上通道的沿岸国提高海上反海盗的治安能力，并在此基础上，加深日本与东南亚有战略利害关系的国家间的安全合作，"深化相互理解并提高共同应对的能力"②。在此之上，日本一边为应对海盗，支援沿岸东南亚国家提升防范能力；一边利用各种机会，与东南亚相关国家充实联合训练和演习科目，在东南亚海上通道维护方面发挥越来越重要的作用。

（二）全面介入南海问题

南海海域也是日本维护海上通道安全的重要区域，但日本全面介入南海

---

① 国家安全保障戦略［EB/OL］. 内閣官房网，2013-12-27.
② 中期防衛力整備計画（平成26年度~平成30年度）について［EB/OL］. 首相官邸网，2013-12-17.

问题，除海上通道安全意义之外，还有在安全层面上更深层的思虑与考量。

2009年起，南海争端再度升温。南海海上主权之争为日本发展与东南亚国家的安全合作，进一步介入东南亚安全格局提供了机会。借此，日本以维护海上生命线为借口，提出"确保南海航行自由，遵循相关国际规范"的口号，积极介入南海问题，并有意将南海问题与钓鱼岛及其附属岛屿主权争议、东海专属经济区划分等问题挂钩，将中国设立为自己与东南亚相关国家的共同防范对象，进一步获得东南亚国家的信任，提升自己在地区安全事务中的影响力。因此，日本政府一改以往幕后间接推动的方式，转而采用更为直接积极的方式插足南海问题，无论在态度、立场，还是在力度、深度上，都达到了前所未有的程度。

1. 日本极力推动南海问题的多边化、国际化

日本既不是南海周边的国家，也不是南海争端的当事国，但其不遗余力地利用各种渠道，推动南海争端多边化和国际化。首先，日本利用东南亚地区已形成的多边机制为工具，推动南海问题的多边化和国际化。2010年以来，日本政要先后在东盟地区论坛系列会议、东盟首脑会议、东盟国防部长扩大会议、东盟海事扩大论坛等国际场合，推动南海争议"国际化"。2011年的东亚峰会上，与会的日本首相野田佳彦就对南海局势表现出格外的"关切"，并提议成立由峰会各成员国政府官员及专家组成的"东亚海上安全论坛"。2014年，安倍在香格里拉对话会发表主旨演讲时，也提出进一步提升东亚峰会的地位，使其成为讨论地区政治与安全事务的首要论坛的提议，并建议在东亚峰会中成立由各成员国常驻东盟代表组成的常设委员会。为了合理、有效介入南海问题，日本希望赋予本次区域合作和经济一体化多边对话机制的东亚峰会更多安全、政治层面的议题。其次，日本大力支持对南海问题开展"国际仲裁"。在中菲南海争议问题上，中国一直坚持有关当事国在尊重历史事实的基础上，根据国际法，通过谈判协商解决，所谓国际仲裁庭不具有管辖权，而日本在推动南海国际仲裁问题上的做法则可谓不遗余力。在南海仲裁法庭的组成问题上，除菲律宾指定的仲裁员外，其余4名仲裁员均由国际海洋法法庭时任庭长日本籍法官柳井

俊二指定①。在南海仲裁结果宣布后，日本外相岸田文雄在第一时间表示支持，称"仲裁法院裁决是最终结果，对争端当事国具有法律约束力，当事国有必要遵从这一裁决"②。日本希望能够通过左右"国际化"仲裁插足南海问题、制衡中国。最后，日本借将南海问题定性为"整个国际社会关心的一个共同课题，而且与亚太地区的和平稳定直接相连"③，而将南海问题国际化，以引入更多同盟力量介入。表现最明显的就是，日本积极谋求将南海问题纳入七国集团会议议程。日本是2015年G7外长会议发表《关于海洋安全的声明》的背后推手。④ 在日本的极力推动下，2015年G7外长会议单独发表了涉及南海和东海局势的《关于海洋安全的声明》，稍后的G7首脑会议《联合宣言》中也对南海问题发表评论。日本更利用自身东道主的身份，将南海问题纳入2016年的G7会议议程。日本用多边机制和"国际法"、问题的国际化来插足南海问题，既有制衡中国的考虑，更有利用南海问题进一步介入东南亚安全格局的现实利益需求。

2. 配合美国、共同插足南海问题

在国内进行一系列军事体制改革，为干预南海问题做铺垫和准备下，日本政府还积极配合美国，在美日同盟的框架下，借助美国力量和影响力，共同干涉南海问题。日本在对外战略上坚持以美日同盟为基轴，因此，日本的南海政策仍始终是以美国的态度为导向。在东亚地缘政治格局变化，美国制衡中国的迫切需求下，美国对南海问题的干涉也呈现越来越强硬的态势，这使日本更加积极地介入南海问题，也造成了日美在南海问题中的军事合作不断升级。为了顺应美国的战略需要，同时构建南海地区与美国的联合干预体制，安倍第二次上台后，就加快了与美国在军事战略上的对接。其中最突出

---

① 要撕破仲裁庭的面纱：外交部副部长刘振民就南海仲裁案仲裁庭所谓裁决约束力问题答记者问 [EB/OL]. 中国外交部，2016-07-13.

② 日本对南海仲裁结果表示欢迎要求中国遵守国际法 [EB/OL]. 共同网（日本），2016-07-12.

③ Defense of Japan (2013) [M]. Japan：Ministry of Defense, 2013：89.

④ 根据中国新华社记者的调查，在G7成员国中，日本事实上是这份声明的重要且唯一的推手，台前幕后做了大量工作。参见：强推七国集团声明日本暗藏心机 [EB/OL]. 新华网，2015-04-17.

的就是，日本响应美国的呼吁，探讨两国在南海地区的监视侦察合作和联合巡逻。对南海实施监视侦察一直是美国介入南海问题的一项重要举措，进入2015年以来，美国出现了把监视侦察的范围向有争议岛礁及海域聚焦的倾向，并要求日本一同参与。2015年5月30日，日本防卫大臣中谷元在香格里拉会议上与美国国防部长就中国在南沙群岛的行动一致表示"反对以实力改变现状"，同时还呼吁东盟国家强化南海监控，并表达了参与美军南海侦察监视行动的意愿。① 美日两国甚至在2016年11月，美日防长会晤后，提出美日两军联合巡航南海的设想。②

3. 渲染"中国威胁"，为日本谋取介入空间

日本插足南海问题，更多的是想将南海问题和东海问题进行捆绑，拉拢东盟，利用同盟力量，在南海拼凑遏制中国的同盟体系，维护日本在南海的相关利益，形成有利于日本国家利益的东南亚安全格局。因此，在南海问题上，日本表现出处处针对中国的态势。

作为"中国威胁论"的始作俑者，日本在南海问题上进一步加大制造"中国威胁论"，大肆渲染"中国威胁"。和以往不同的是，日本不再针对中国军费增长、军力发展和国防透明度等问题，而是在中国的海洋政策和海上维权行动上做文章，在东南亚地区渲染中国对地区海洋安全的威胁。以期引起东南亚各国的重视和不安，进而为日本介入南海问题和东南亚安全格局提供可能性。

2011年日本防卫研究所的《中国安全战略报告》以中国的海洋战略及南海政策为主题，声称"将来若在南海发生偶然冲突，包括日本在内的、共用海上交通线的所有周边国家的安全保障都将受到威胁"③。2015年日本防卫省发布《中国在南中国海的活动》的报告，对中国采取的历次南海维权行动进行歪曲性描述和解读，并将中国在南沙的岛礁建设定性为"军事化"，恶意渲染其中的军事意图及影响。报告还通过比较和夸大中国与南海涉事国间的军

---

① 日本防卫相提议东盟强化南海监控 [EB/OL]. 共同社（日本），2015-05-30.
② 日美联合巡航南海　中方绝不容忍 [EB/OL]. 西陆网，2016-09-19.
③ 中国安全战略报告2011（中文版）[EB/OL]. NIDS防衛研究所网，2012-02-16.

事差距，制造菲律宾、越南、马来西亚等国的军事恐慌。①"中国威胁论"的渲染，在一定程度上影响和改变了相关东南亚国家对南海问题的判断和政策，加深南海问题的严重性。日本在这个过程中获得了介入南海问题的更大空间。

4. 偏袒并加强和相关东盟国家的安全合作

日本公开表态或在行动上偏袒和支持菲律宾、越南等南海争端国家，与相关国家加强政治、军事领域的双边合作。自 2010 年 7 月以来，日本政要先后在东盟地区论坛系列会议、东盟首脑会议、东盟国防部长扩大会议等国际场合，支持菲、越等声索国，并全力加强与这些国家的双边协调行动。例如，针对菲律宾将南海争端提交国际仲裁法庭的举动，日本防卫大臣小野寺五典在 2013 年 6 月访问菲律宾时表示，日本方面完全支持这种努力，支持菲方保卫其在南海有争议的领土的立场，并将加强与菲方在海洋安全方面的合作。② 2014 年 5 月初，中国的 981 钻井平台在西沙海域作业遭到越南强力阻挠后，安倍在接受采访时，一方面指责中国导致"紧张关系升级"，另一方面反复声明在南海领土争端上支持菲律宾和越南。③

日本利用中国与南海相关国家在南海问题上的分歧，挑拨中国与东盟国家之间关系，密切与相关国家的政治、军事合作，扩大日本在东南亚地区的影响力。在政治外交领域，日本与越南、菲律宾高层互动频繁。菲律宾总统阿基诺三世在任时多次访问日本，双方共同就南海问题指责中国。2013 年 1 月，安倍上任后首访越南时即公开呼吁越南与日本联起手来，共同应对中国在本地区"日益活跃的行动"。2015 年日菲发表联合声明，称"严重关切包括大规模填海和修建哨所在内单边改变南海现状的行为"，并要求中方保持克制。④ 2016 年杜特尔特上台后，实行不同的对华政策。日本在南海问题上不

---

① China's Activities in the South China Sea [EB/OL]. Japan：Ministry of Defense, 2015-07-28.
② DIOLA C, ROMERO A. Japan to take Phl's side in South China Sea dispute [N]. The Philippine Star, 2013-06-27.
③ 外媒：安倍反复发声明支持菲越，急欲联手抗华 [EB/OL]. 参考消息网, 2014-05-29.
④ Japan-Philippines Joint Declaration：A Strengthened Strategic Partnership for Advancing the Shared Principles and Goals of Peace, Security, and Growth in the Region and Beyond [EB/OL]. Ministry Of Foreign Affairs Of Japan, 2015-06-04.

遗余力地拉拢菲律宾，充当美菲调停人的角色，并尽力加强日菲关系。最终，日菲两国就南海仲裁案达成《日菲联合声明》。

此外，日本积极强化与南海声索国间的军事合作。日本与南海声索国的军事合作主要包括提供支援、增加军售、联合演练及情报共享等。日本分别向越南、菲律宾两国提供巡逻船，协助两国增强海上巡视力量。日本多次与越南、菲律宾两国举行联合军演或演练，提升防卫合作水平。2014年3月30日，菲律宾向仲裁法庭提交正式诉讼书的第三天，日本就派出两艘驱逐舰到菲律宾访问，并同菲海军举行联合演练，以实际行动显示对菲律宾的支持。2015年6月日本派巡逻机参与同菲军方联合演练，日本还将与越南、菲律宾分别签署"军事情报保护协定"提上日程，以实现情报共享。日本还公开鼓励东盟国家强化在南海地区的情报侦察能力。2015年5月30日，日本防卫大臣中谷元在香格里拉会议中呼吁东盟国家强化南海监控[1]，并公开表示要"在南海等地区强化情报侦察方面的合作"[2]。在军事合作的基础上，日本还试图在南海寻找战略支点，以实现其独立南海巡逻和投送兵力的便利化，并就相关问题与越南、菲律宾展开讨论。

日本的南海政策有明显的指向性，就是中国。日本力图拉拢与中国有南海分歧的东南亚国家共同制衡中国。如2014年菲律宾向国际法庭提交仲裁诉讼，日本就大加赞赏，并期待这一举动"能够对中国的单边行动产生制约性影响"[3]。借插足南海问题，日本更加积极主动地参与到东南亚安全事务中，除了对中国的遏制逐步加强外，也在与周边国家的领土与海洋权益争端中表现出越来越强硬的态度。

（三）试图构筑并主导东南亚地区海上安全合作架构

构建由日本主导的东南亚海上安全合作架构，对日本来说有巨大的利益和吸引力。首先是日本国家安全战略的客观需要。作为一个几乎完全依靠海运的岛国，日本对东南亚海上航道的依赖程度极高。作为日本的海上生命线，

---

[1] 日本防卫相提议东盟强化南海监控［EB/OL］.共同社（日本），2015-05-30.
[2] 美日军事"合体"对华构成三大威胁［N］.环球时报，2015-04-29.
[3] East Asian Strategic Review 2014［EB/OL］. The National Institute for Defense Studies，2014-05.

日本介入东南亚海洋事务、保护自身的地缘政治利益和安全是必然的选择。其次是实际的经济利益。通过武器禁售令的放开和海洋安全合作，日本未来可以靠向东南亚国家出售武器牟利。最后是对于油气全部依靠进口的日本，南海储藏的巨大油气和其他资源，有极大的吸引力。因此，在其他东南亚国家油气开发开采中，日本一直都扮演着十分积极的角色。此外，更多的是出于安全方面的整体战略利益的考量。通过参与东南亚海洋安全事务，原本在南海问题上并无任何插足余地的日本就可以借机介入这一问题，并利用东南亚海洋安全合作加强自身在东南亚安全格局中的存在感和影响力，强化自身在地区安全事务中的发言权，进一步实现其意欲主导东南亚安全格局的目标。同时拉拢东南亚诸国，形成包围中国的围堵圈，制衡中国崛起。因此，日本在构建东南亚海上安全架构中，一直刻意将中国排除在外。这种排他性也改变了日本构筑的东南亚海上安全架构的根本属性，制约和限制了东南亚海上安全架构的构建与运行。

因此，日本积极构筑自己的海洋国家身份。2007年时，安倍政府就曾提出《海洋基本法》，以此确立近年来日本海洋战略的雏形。日本政府2008年通过的《海洋基本计划草案》和2009年发布的《海洋白皮书》，都表明日本新的海洋战略框架逐渐确立。安倍第二次上台后，更是加快了推动实施海洋战略的步伐。安倍先后提议将自卫队退役舰船转给海上保安厅，并将相应预备役自卫队员也编入海上保安厅，以此间接实现海上保安厅的军事化。并修改《海上保安厅法》、提出《海洋基本计划》，以加强日本对海洋安全领域掌控的能力。并在此基础之上，有意地强化海上军事力量，增加应对岛屿攻击的军事能力，增加日本的海洋军事实力及地区海上控制力。除了法制、军事上的努力，安倍政府还针对海洋问题专门设置研究海洋扩张战略的机构——"海洋战略委员会"，注重开发新型海洋资源与海洋能源；加快研发海洋能源技术，开发符合海洋特性的专属经济区；加强海洋的综合管理能力，从法律层面单方面将有争议的水域据为己有，充分利用海洋空间的经济效益。在多重利益的促使下，安倍政府加快了构建"海洋立国"的步伐。此外，安倍有意对日本所面临的通道安全和海洋安全问题加重危机渲染，借此实现自身军事力量的扩充，推进自卫队能力建设；操纵媒体和社会舆论，并向东南亚相关国家传输海上通道安全会影响东南亚稳定的概念，进而提出日本作为海洋国家，应该在维护通道安全相关方面做出超过以往的积极贡献，并在确保东南亚海上通道安全中发挥主导作用。①

在此基础之上，日本以"海洋国家"身份，加速构筑东南亚海上安全合作架构，并试图主导东亚地区海洋安全事务。安倍上台后，即以实际行动积极与东南亚国家沟通协商构建东南亚地区的海上安全合作框架问题。2011年，日本外务省展开"在东盟地区论坛内推进海上安全合作"的课题研究。② 2013年2月，日本与菲律宾针对海上安全合作框架展开磋商，创立两国外交、海警、海军"3+3"海上安全磋商框架。③ 2013年7月，安倍访菲，两国决定"在两国防务当局和海上保安机构之间，加强联合训练等实践性合作和各种交流"④。同年，安倍访越，向越南提供5亿美元贷款，以促进经济合作之名，提升双边在安全、政治、外交领域的合作。此后，日本又承诺向越南提供日元贷款，借此试图复制日菲"3+3"海事合作框架。2013年7月，日本和马来西亚签署防务合作备忘录。同时，日本利用各种契机，在新加坡举行第三次"海上安全保障对话"中，与新加坡进行海洋安全框架议题的磋商。并于2013年年底借与印尼商讨加强海洋安全合作议题之机，与印尼建立外交、防务"2+2"磋商框架。⑤ 安倍政府急于构建由日本主导的东南亚地区海上安全合作框架，而努力与东南亚国家间磋商构建、复制日菲"3+3"框架。

安倍执政期间，一直都在努力搭建东南亚地区由日本主导的海上安全合作框架。在扩大自身军事存在和加强日本与东南亚国家联合训练和军事演习的基础上，日本通过海洋安全磋商，积极与东南亚各国构建双边海事安全合作框架，旨在使日本主导东南亚海上安全事务，进而使日本成为东南亚地区安全合作中的牵头国和主导国，以此来扩大日本在东南亚地区安全格局中的影响力和控制力。并在此基础上，通过东南亚海上安全合作框架的构建，有

---

① 国家安全保障战略（平成25年）[EB/OL]. 内阁官房网，2012-12-27.
② 参见日本内阁府网站《平成24年度海洋関连予算一览表》。
③ 第2回日・フィリピン海洋協議の開催についこ（結果概要）[EB/OL]. 外務省网，2012-02-22.
④ 日・フイリピン首脳会談（概要）[EB/OL]. 外務省网，2013-10-09.
⑤ 日・インドネシア首脑会談（概要）[EB/OL]. 外務省网，2013-01-18.

力地平衡中国在东南亚的势力,为日本与中国地区地缘政治格局中的博弈增加筹码。

二、借助海洋安全合作,强化与相关东南亚国家的安全合作关系

在强化与东南亚国家的安全合作关系中,日本有针对性地建立战略支撑点。结合其海洋战略,有针对性地发展与重点国家间的防务合作,并在此之上加强与东南亚国家间的安全合作,其中以与菲律宾、越南两国发展安全合作关系最为典型。

密切与菲律宾的关系。菲律宾是美国在亚洲的第一个战略立足点,时至今日其在美国全球战略中的地位依然十分关键。作为美国在亚太最重要的盟国,日本配合美国的相关战略,也为了自身介入东南亚安全格局的需要,而积极发展同菲律宾之间的关系。菲律宾前总统阿基诺多次访日,先后与日本首相野田佳彦、安倍进行会谈。双方就南海等问题多次交换意见。2011年,阿基诺访日时,日本公开表示"日本与菲律宾有着共同的基本价值观和战略利益,希望双方能在区域合作的框架内密切合作,对地区稳定和繁荣做出贡献"。阿基诺则强调,"希望双方在海上安全保障和防卫方面全面加强合作"[1]。此后,日本与菲律宾明显加强防务互动。无论是日本海上自卫队训练舰访问菲律宾,还是两国防长签署旨在加强海上安全保障等领域合作的防卫合作备忘录,都推动了两国军队间的交流,促进了双方在安全领域的合作。在南海问题上,日本更是公开支持菲律宾的立场,鼓动菲律宾积极在南海仲裁案中向中国发难,并在此基础上,全面加强与菲律宾在经济、政治、安全领域的合作与交流。

全面加强与越南的合作。2010年起,日越两国在安全合作领域的互动日益增多。首先,在双方高层互访频繁下,两国战略伙伴关系不断加强。2010年,日本首相菅直人访越,两国发表《发展全面战略合作伙伴关系共同声明》,声称将全面加强安全合作;2011年10月,两国防长在东京会晤,签署强化两国防卫合作与交流备忘录,决定建立防卫部门副部长级定期对话机制

---

[1] 日本与菲律宾领导人举行会谈 强化战略伙伴关系[EB/OL]. 中新网,2011-09-28.

并开展两军互访；日本声称："日本与越南已经结成了战略伙伴。"① 而安倍第二次执政后，更将越南定位为"共享利害关系的战略伙伴"；2013年，安倍访问越南并宣称两国"将发展在地区和平与稳定中扮演积极角色的战略伙伴关系"，"积极推进两国在政治、安保领域的合作"②。其次，日本帮助越南进行军力建设，两国加强安保合作。日本向越南提供人员培训、装备支援、制度建设等方面的帮助。例如，从2012年下半年开始越南海军到日本参加潜艇相关训练，高级军官到日本海上保安大学短期进修；日本向越南提供六艘巡逻船及设备，帮助越南加强海上执法力量③等，都是日越两国不断加强安全合作的集中体现。最后，日越都与中国存在领海纠纷，这促使两国加强合作，共同防范中国。在南海问题上，两国也基本采取统一协调的步调和政策，并在此促动下，进一步深化两国在安全领域的合作。

在有针对性地发展与重点国家的防务合作下，日本全面强化与东南亚地区的安全合作关系。对此，日本有明确的政策指导和安排。在东南亚特别是南海地区，进一步促进和发展东南亚地区的"双边安全对话框架"，以及东盟地区论坛等多边安全对话框架，进一步促进和发展多国联合训练；利用各种机会，与存在海洋安全保障共识的东南亚国家加强联合训练和演习；并通过联合训练和演习，加强双边关系。④ 在此思想的指导下，近几年来，日本多次派遣陆上和海上自卫队相关人员，为除菲律宾、越南外的马来西亚、印尼、柬埔寨等东南亚国家提供医疗、海洋气象、联合国维和行动等方面的培训和技术指导，加强与东盟各国的防务合作和全面关系的提升。如2014年6月6日，日本海上自卫队运输舰"国东"号抵达越南岘港，作为美国海军主办的"太平洋伙伴关系2014"人道主义支援演习的一环，与东南亚五国展开医疗、文化等方面的交流，借以拉近与东南亚各国的关系。

---

① Joint Declaration on Security Cooperation between India and Japan [EB/OL]. Prime Minister's Office of India, 2008-10-22.
② アジアにおける平和と繁栄のための戦略的なパートナーシップの下での行動に関する日越共同声明 [EB/OL]. 外務省网, 2010-10-31.
③ 安倍総理大臣のベトナム訪問（概要）（平成25年）[EB/OL]. 外務省网, 2013-01-17.
④ 参见首相官邸网站《中期防衛力整備計画（平成26年度~平成30年度）について》。

借助系列行动，日本大大升级了与菲、越等国战略层面的双边伙伴关系，强化了与相关东南亚国家的安全合作关系，拓展了自身在东南亚安全格局中的战略空间，在东南亚安全格局中获得了更为主动的位置。

三、日本介入东南亚安全格局的具体方式方法

介入东南亚安全格局，凸显日本在东南亚安全格局中的战略角色，日本主要采取以下几种政策手段。

（一）通过外交促进安保合作

2012年，安倍第二次担任日本首相后，提出"俯瞰地球仪外交"，也称作"战略外交"。这是安倍2006年首次担任日本首相时推行的"价值观外交"的进一步扩展。安倍试图打造"自由繁荣之弧"，与自由、民主、法治等持有相同价值观的国家开展密切的外交关系，促进彼此间的安全与经济合作，并在合作的过程中，构建遏制中国的弧形包围网。

在"俯瞰地球仪外交"理念下，安倍政府以"积极和平主义"的理念引导日本安全政策变轨。通过构筑安保顶层设计打通外交和安保之间的统筹机制，加强首相官邸权力的集中度，将地缘战略思想与外交策略联合起来，进一步加强日本对东南亚安全格局介入的实力。为此，在国内安倍推动逐渐放弃"专守专卫"的安保体制，改革日本安保政策，使日本逐渐成为"能战国家"；在东南亚地区，则发挥战略外交的作用，积极发展与东南亚国家的外交关系，在东南亚构筑"民主国家军事同盟"，借与东南亚国家的双边关系的构建，逐步介入东南亚安全事务，影响东南亚安全格局。

（二）同东南亚国家积极构建经济伙伴关系

日本通过与越南签署《关于在为了亚洲和平与繁荣战略合作框架下开展行动的联合声明》《关于合作建设越南宁顺2号核电站项目的协议》《关于在越南合作开发稀土及发展稀土工业的协议》等经济合作文件，逐渐强化了与越南间的战略合作伙伴关系。进而以经济关系，促进双方间的政治交流、安全合作。为提升日越关系、构建双方海事合作框架，日本于2013年向越南提

供美元和日元贷款①，以促进双边经济合作为名，提升双边在安全、政治、外交领域的协调能力，促使越南认同日本在东南亚海事合作中的相关政策主张。此外，日本还向印尼许诺提供 620 亿日元贷款，以借此与印尼提升安全合作。

（三）渲染地区威胁以介入东南亚地区安全事务

与往届日本内阁不同的是，安倍政府更加注重渲染地区威胁，并通过渲染地区威胁参与和介入东南亚安全事务。日本历来是个善于利用事态的国家，安倍内阁东南亚安全政策实施维度之一就是要通过塑造东南亚地区安全危机、夸大东南亚面临的安全问题、恶意针对区域外的大国描述其危害性和事态的严重性，从而以各种策略和手段介入、干预地区安全事务。例如，日本渲染事态，主动干预南海问题，就与日本的东南亚战略相契合。此外，日本还通过自身正处于"灰色地带"事态的表述，逐渐改革国内的安保法制，为其介入东南亚安全事务奠定国内法制的基础。

（四）和东南亚国家开展联合军事演习

联合军事演习是国际军事关系中的一种常见现象，但对于日本这样一个在军事方面面临诸多限制的国家，突破"专守专卫的原则"，向海外派兵，都可以称得上是自身安保体制的重要变化。因此，日本历来重视与东南亚国家间的军事演习。"9·11"事件后，日本借反恐主题，在美国的支持下，实现了同东南亚国家的军事演习。2008 年后，日本自卫队不但更加频繁地参与东南亚地区由美国主导的各类演习，还越来越独立，有针对性地同东南亚国家开展联合演习。在联合演习的进程中，日本逐渐突破了海外派兵的一些限制。如在南海地区，日本就因为同菲律宾、越南、马来西亚等国的军事演习，而实现了战后向南海地区投放军事力量的历史性突破。2015 年 6 月，日本与菲律宾在巴拉望岛附近的联合演练，日本首次派出巡逻机参与，实现了美国所期待的日本赴南海巡航的战略安排。②

（五）向东南亚国家输出武器装备

日本利用东南亚国家普遍发展水平较低、海上执法及军事力量较弱的现

---

① 安倍総理大臣のベトナム訪問（概要）（平成 25 年）[EB/OL]. 外務省网，2013-01-17.
② 日本在南海"野心"有多大？[EB/OL]. 新华网，2015-06-24.

实，把"支持东南亚国家海上安全能力建设"作为日本发展与东南亚国家安全合作的一项关键性政策。受《武器出口禁令》的限制，除与美国合作外，日本冷战后从未对外出口武器装备。2011年，野田佳彦内阁对《武器出口禁令》做出重大修改，允许日本在与美国等友好国家合作研发军事装备或为国际和平安全做贡献及提供人道主义救援时，向外国出口武器装备。2014年，安倍内阁制定《武器装备及技术转让三原则》，彻底终结限制日本武器出口的禁令。此后，日本向东南亚国家提供了包括巡逻船、多功能支持船、军用飞机在内的多种武器装备。包括向菲提供巡逻船、向越南赠送及出售的巡逻船等。2014年第五届日本—东盟副国防部长级论坛将"防卫装备及技术转让合作"首次纳入讨论议题。① 日本也向东盟国家承诺，将提供更多的武器装备。这一方面刺激了日本防务工作的发展，另一方面加强了日本与相关国家的安全合作，增强了日本在东南亚军事安全领域的影响力。

（六）战略性使用对外援助手段

ODA，即政府发展援助，一直是日本东南亚战略中的重要手段和工具。日本逐渐突破 ODA 政策不允许向对象国提供军事领域援助的限制，战略性地利用 ODA 政策，为日本介入东南亚安全事务搭桥铺路。2012年，野田佳彦内阁将 ODA 用以向菲、越、马三国提供军事领域的巡逻船和通信系统等装备的支援。2015年，安倍政府制定新的 ODA 大纲，即《发展合作大纲》。在"更积极地为国际社会的和平、稳定与繁荣做贡献"的名义下，提出"当受援国的武装力量或其成员参与诸如公益或救灾等非军事目的的发展合作时，将根据其实际意义，单独地加以考虑"②。在此之下，ODA 可以被任何认定为"非军事目的"的发展灵活运用。如为拉拢菲律宾，安倍政府向菲律宾提供经济、安保方面的援助；为密切日越关系，日本与越南签订《关于日本向越南提供2011年第1期 ODA 的换文》等文件。日本对东南亚的 ODA 越来越具有安全战略意味。

---

① DEFENSE OF JAPAN 2014 [EB/OL]. Ministry of Defense, 2014-07-10.
② Cabinet Decision on the Development Cooperation Charter [EB/OL]. Ministry of Foreign Affairs of Japan, 2015-02-10.

第四节　2008年后日本在东南亚安全格局中的地位和作用

一、美国的亚太战略为日本推进战略转型提供重要机遇

在美国经济衰退和军费缩减的困境下，奥巴马政府强调提升美日同盟在亚太安全格局中的重要程度，鼓励日本在美日同盟框架下，在东南亚乃至亚太安全格局中发挥更大的作用。日本积极迎合美国的要求，利用美国的战略调整强化其外交和对自身体制限制的突破，实现自身在美日同盟关系中地位的提高，进而借机加大对东南亚地区安全事务的影响力和发言权。

随着美国亚太战略的调整，美国亚太同盟呈现出向"软同盟"拓展、向"影子同盟"衍生和向"分权"趋势发展等特点。[1] 在此之上，日本在美国同盟体系中的地位和作用进一步提升。在东南亚安全领域，美国试图赋予日本更多的职责，要求日本在地区安全事务中承担更广泛的义务[2]。美日同盟作为美国保障亚太地区"和平与稳定的基石"[3]，日本在东南亚安全格局中被美国赋予越发重要的地位。

在此之下，日美防卫合作一体化进程逐步推进。在2009年起日美关系出现短暂摇摆后，日美两国对美日同盟进行了重新的确认与定位。美日同盟迎来了新的变化，日美安全合作关系发生了根本性改变，即日美两国安全合作的范围从周边扩大到全球、内容从传统安全合作升级为全面合作、合作方式从有差别的等级同盟变为互助式的伙伴同盟，合作模式由双边转向多边，日美安全合作的性质也从合作变为进攻性同盟。由此，美日同盟"翻开了日美

---

[1] 刘卿. 美国亚太同盟关系衍化新趋势 [J]. 国际问题研究，2016（2）：40-53，140.
[2] ARMITAGE R L, NYE J S. The U. S. -Japan Alliance：Anchoring Stability in Asia [R]. Washington D. C.：CSIS, 2012.
[3] CLINTON H. America's Pacific Century [J]. Foreign Policy, 2011：59.

安全防卫合作的历史新篇章"①。美日同盟的重新定义还推动了日本"集体自卫权"的解禁。随着新安保法的通过，日本干预国际事务获得了国内法制层面的空间与依据，从根本上突破了日本不能进行海外军事行动的限制。同盟的需要，又大大地降低了日本军事介入国际冲突的门槛。② 日美军事行动一体化、日美军事合作的泛地区化乃至全球化成为趋势。

美日同盟的重新定义和日美防卫合作的一体化，提升了日本在东南亚安全格局中的地位，进一步强化了日本在东南亚安全格局中的作用。但同时也为东南亚安全格局带来深远的影响。日本在美国东南亚安全战略中扮演越来越重要的作用，与东亚安全秩序的变动、美国安全战略的转换、日本国家战略的转型都有密切的关系。因而，它带来的影响也是多层面的。日本突破二战后的安保体制，是日美两国战略契合的结果，必将影响日本介入东南亚安全格局的方式方法及其目的性的转变。美日同盟的再定义具有明确的指向性和针对性。在此之上，日本更加积极地介入东南亚安全格局，日本在地区安全事务上的野心也被完全激发出来。

二、日本主导东南亚安全格局的目标更加明晰

2010年前后，中日实力对比的逆转、美国亚太战略的调整及日本保守势力的增强，都使日本东南亚安全战略表现出明显的介入态势。如果说此前日本受制于战后安保体制而隐藏自身意欲主导东南亚安全格局的意图的话，此时的日本借助美日同盟的再定义、通过自身军事能力的建设和国内法制的修改，日益明确要对东南亚安全秩序进行重塑，并在其中发挥主导性作用的野心已经越来越明晰。

这一趋势在2012年安倍第二次执政后更加明显。安倍政府东南亚安全政策的核心要点就是谋求日本在地区安全事务中的全面崛起，在东南亚乃至东

---

① Joint Press Conference with Secretary Carter, Secretary Kerry, Foreign Minister Kishida and Defense Minister Nakatani in New York [EB/OL]. U. S. Department of Defense, 2015-04-27.

② The Guidelines for Japan-U. S. Defense Cooperation [EB/OL]. Ministry of Defence, 2015-04-27.

亚安全格局中争取主导地位。① 在此之下，安倍政府不但积极确认与美国的同盟关系，更注重与东南亚相关国家的多边安全合作。安倍政府认为，"仅依靠日本自身的力量去维护日本自身的安全乃至东亚地区的和平与稳定显然是不够的，需要联合该地区国家共同促进安保合作"②。2010 年日本《2011 年度以后的防卫计划大纲》也提出，参与地区多边安全合作的目的在于"致力于多层次组合亚太双边和多边安全保障合作使之网络化，与美日同盟相辅相成，有效稳定该地区的安保环境"③。可以看出，这一时间日本对东南亚安全格局的介入是美日同盟与东南亚多层次安全合作并重。针对于此，不同于日本以往政府，安倍政府大力强化外交工作，综合考量制定符合日本国家利益的东南亚战略设计，并结合多种手段有针对性地实施其东南亚安全战略。安倍提出"价值观外交"，发挥日本的国际影响力和软实力，与东南亚国家发展外交关系，以实现自身利益的最大化。这一变化不仅导致日本在东南亚地区安全事务中采取更加积极主动的政策及行动，也促使日本积极构建东南亚地区安全秩序，试图整合东南亚地区安全机制。这既是日本对美日同盟的维护，也是日本扩展自身在东南亚安全事务中战略空间、提高自身在安全格局中地位的手段。

安倍政府通过追求美日同盟的对等性、改革日本安全政策、提升军事实力、全面展开战略外交，全面提升了日本在东南亚乃至东亚安全格局中的地位和重要性，但无论从安倍政府发表的官方文件、表态还是具体的政策、改革等各种举措、行径来看，安倍政府都比二战后历任日本政府更具扩张性。④不管是安倍标榜的"军事复国"，还是日本战略外交中加入的遏制中国的地缘

---

① 安倍 2013 年 2 月 23 日在美国战略与国际研究中心（CSIS）发表题为 Japan is back 的英文演讲中，表明"日本绝不会做二流国家"。参见：Japan is back [EB/OL]. 日本首相官邸网，2013-02-23. 其后，《纽约时报》2013 年 10 月 25 日报道称，安倍表示要成为亚太地区的经济和安全领袖，参见：安倍放言日本要当亚太地区领袖 [EB/OL]. 新华社，2013-10-27.
② 国家安全保障戦略（平成 25 年）[EB/OL]. 内閣官房网，2013-12-27.
③ 平成 23 年度以降に係る防衛計画の大綱について [EB/OL]. 首相官邸网，2010-12-17.
④ 张铎. 日本安倍政府东亚安全政策研究 [D]. 长春：吉林大学，2017：136-138.

政治考量，都将对东南亚安全格局带来负面的影响。首先，加深了地区大国间的安全困境。安倍带有地缘政治色彩和冷战思维的"战略外交"，损害了中日关系，加深了中日安全困境，也造成了中美两国的战略互疑的加深。其次，加剧东南亚地区安全形势的恶化。日本重新成为能战国家，且表现出明显的扩张性，造成东南亚地区的军备博弈愈加明显，使东南亚地区的安全环境日益恶化且充满不确定性因素。最后，安倍政府所标榜的"军事复国"，冲击东南亚地区秩序的现有平衡，对东南亚地区现有安全格局提出了严峻的挑战。总体来说，安倍政府的扩张性，恶化了东南亚地区的安全形势，加深了域外大国间的安全困境，挑战了东南亚现有的安全格局和安全平衡。

三、日本积极在东南亚区域内外构建多边同盟体系

冷战时期美国盟友间因为多种原因，一直鲜有安全合作的渠道和机制。冷战后，美国盟友间的安全合作出现加强的趋势。奥巴马政府积极构建盟友间双边或三边安全合作框架。鼓励盟友间的横向联系，希望能将轴辐结构逐渐转向网络结构。[①] 在此之下，美国积极鼓励日本强化与美国盟友间的安全合作关系，并认为"日本与其他国家通过双边关系可以拓展出更多的常规与防御能力"[②]。在美国的支持下，日本积极发展与东南亚区域内外的美国盟友的安全合作关系，"进一步加强与韩国、澳大利亚、东盟各国、印度等与日本共享普世价值观和战略意义的国家的合作关系"[③]。试图通过扩展多边同盟体系，提高自己在安全事务中的影响力。

在东南亚区域内，日本有目的地与菲律宾、泰国等美国盟友和美国的准同盟新加坡开展安全合作。这其中有明显的地缘政治考量，即日本在东南亚与菲律宾、泰国等美国同盟能够在布局上实现"东阻南控"在有效地制衡中国的同时有力地掌控东南亚安全格局。菲律宾位于亚洲东南部，夹在南海和

---

① 张勇. 奥巴马政府的亚太地区"少边主义"外交浅析 [J]. 美国研究，2012（02）：66-81，4.
② MULLEN L D. U. S. Japan Alliance Serves as Model for Others [EB/OL]. Marines，2011-07-15.
③ 国家安全保障戦略（平成 25 年）[EB/OL]. 内閣官房网，2013-12-27.

太平洋之间，泰国濒临泰国湾，具有重要的战略意义，再加上美国准同盟新加坡扼守马六甲的地缘优势，日本加强与菲律宾、泰国和美国准盟友新加坡的安全合作，既能够有效地对南海形成包围态势，又可以向南利用扼守马六甲海峡，保持对马来西亚、印度尼西亚的威慑力，最终联通澳大利亚、印度等美国域外盟友。此外，泰国深入东南亚大陆，西邻缅甸、东靠越老柬，贴近中国，有地缘优势，可以有效地对中国大陆做出防范，对湄公河下游国家及中国实施军事威慑。有力地发展美国的东南亚盟友和准盟友作为自身东南亚安全战略的战略支点，形成对东南亚安全趋势和中国的双重震慑，对日本的东南亚安全战略有十分重要的作用。

此外，日本在美国的支持下大力加强与东南亚区域外美国盟国间的安全合作。美国"重返"亚太战略的一个重要特点就是发挥幕后推手的作用，发展以传统双边同盟为基础的三边合作，促成其亚太盟友之间的制度化协作。日本与美国携手推动一系列以美日为轴心的多边军事合作机制的构建。这其中以澳大利亚和印度最为明显。2012年，日澳签署《为和平与稳定合作：共同愿景与目标》的联合声明，宣称两国是"拥有共同价值观和利益的天然的战略伙伴"，并将在安全与国防上更加紧密地合作，与美国强化三国安保协同能力，并在2020年制订日澳美三国联合行动计划。① 自2008年《日印安全保障合作宣言》签署到2012年6月日印两国海军首次海上联合军事演习举行，日印安全合作逐渐将重点从非传统安全领域转向传统安全领域。2015年日印发表《日印合作蓝图2015》。② 此后日美印三国军事安全合作逐渐走向常态化，日美印军事同盟体系初步显现。日本、澳大利亚与印度提出组成新三边组织倡议。③

在一系列的双边或多边安全合作下，日本有力地介入了东南亚安全格局。从2008年开始，基于多边同盟体系的军事合作日益增多。以军事演练为例，

---

① "Australia and Japan-Cooperating for peace and stability", 4th Australia-Japan Foreign and Defence Ministerial Consultations [EB/OL]. Ministry of Defense, 2002-09-14.
② 日印ヴィジョン2025 特別戦略的グローバル・パートナーシップインド太平洋地域と世界の平和と繁栄のための協働 [EB/OL]. 外務省网, 2015-12-12.
③ PANT H V. Trilateral Approach Comes to the Fore in Asia [N]. The Japan Times, 2015-08-20.

2008年6月，美日澳三国发表联合声明，决定建立信息情报交换机制，并联合开展救灾训练、人道主义救援演习等活动。2011年7月，美日澳三国再次在南中国海举行联合海军演习。2012年4月16—27日，正当中菲两国在黄岩岛对峙之际，美国与菲律宾在南海海域举行第28次"肩并肩"年度联合军演，而日本自卫队则首次派员参加此次军演。2013年2月7日，美日澳三国出动大批战机，在关岛附近举行"对抗北方"空军联合军演，旨在加强三国空军联合应对军事危机的能力。

多边架构的发展，在一定程度上弥补了双边关系的缺陷。多边架构对非传统安全领域，如能源安全、经济安全等方面的合作，在维护地区安全与稳定方面具有一定的积极意义。应对地区安全形势的变化，追求共同的安全利益而展开的多边安全合作，有助于增进各国间的安全互信，逐步构建起基于安全合作的文化与习惯①，这对地区安全格局的构建也是有益的，但日本源于自身利益诉求和地缘政治考量，积极构建多边同盟的行为会给东南亚地区安全格局带来潜在的消极影响，使建构中的东南亚安全格局更加复杂。日本与盟国间的防务合作可能会加剧东南亚地区的军备竞赛，也会给东南亚地区安全环境造成潜在的风险。

四、对中国的遏制和"菱形安全共同体"的构建

中国崛起使日本更积极地介入东南亚安全格局。中国崛起和日本谋求政治军事大国是影响东南亚安全格局的两个重要外部变量。2010年中日经济实力地位发生逆转，这引发了中日间结构性矛盾的凸显，也使得日本国内民族主义高涨。日本无法接受这种逆转，如同迈克尔·格林指出的那样，当今的日本战略正受"被孤立的恐惧""对中国地缘政治实力的评估"和"对主要国际权力结构的适应"等三种因素所驱动。② 遏制中国崛起成为日本国家安全战略最重要的内容之一。吴怀中将日本对中国的遏制归纳为三个时期，即

---

① 刘思伟. 印日安全合作及其对亚太地区安全态势的影响［J］. 南亚研究季刊，2015 (1): 1-7, 117.
② GREEN M. Japanese Security Policy in East Asia［J］. Asian Economic Policy Review, 2007, 2 (2): 208-222.

第一时期（2000年至2008年），日本的倾向是"注重国际、兼顾中国"；第二时期（2008年至2013年），日本的倾向是"注重中国、兼顾国际"；第三时期（2013年至今），日本的倾向是"同时注重国际安全及周边安全的双轨路线"。① 从2008年起，日本从兼顾中国转为注重中国，2013年后，日本出台的《国家安全保障战略》《防卫计划大纲》和《中期防卫力量整备计划》等战略计划，都开始明确把中国视为主要潜在军事威胁和防范对象。

日本对中国的遏制是多重原因复杂作用的。首先，中日间结构性矛盾凸显，日本从自身国家利益出发，采取遏制中国的安全战略。中日安全关系面临诸多的问题，双方的海上争端、军事对峙态势、矛盾凸显下的战略互疑，都使得双方外交关系急剧降温，安全合作和业已建立的安全机制和安全对话停摆。日本进而在东南亚提出"多层次安全合作"保障战略，推行"价值观外交"，给中国的外部环境施压。其次，提升自己在同盟体系中的地位，配合美国战略的需要。中国日益成为美国的重要竞争者，2015年4月，美国外交关系协会出台《修改美国对华大战略》报告，认为中国现在与将来都是美国最重要的竞争者，华盛顿需要新的对华大战略，即以平衡中国实力的扩大而非继续帮助它崛起为核心。② 2015年版《日美防卫合作指针》，从出台背景、制定过程、主要内容乃至作用与影响等，都无不与"中国因素"密切关联。日美都将假想敌设为中国，对中国的遏制，有利于日本提升自己在同盟体系中的存在感和地位。最后，日本利用"中国威胁论"，为自己的政治军事大国目标铺路。安倍一味地炒作"中国军力威胁"言论，四处宣扬"中国庞大且稳步增加的军费开支并不完全透明，这将构成亚太地区主要威胁"③。树立日本的受害者形象，营造有利于日本的舆论氛围，在南海问题上大做文章，并同菲律宾、泰国、越南等东南亚国家发展安全合作关系，阻碍中国与东盟国家的关系发展，以在东南亚地区形成牵制中国的态势，进而提升和加强自身在东南亚安全格局中的地位，进一步介入东南亚安全事务。

---

① 吴怀中. 战后日本安全政策的演变［J］. 国际政治研究, 2015, 36 (1): 31-42.
② REBORT D, BLACKWILL, TELLIS A J. Revising U. S. Grand Strategy Toward China［J］. carnegie endowment for international peace, 2015: 38.
③ 安倍晋三于1月28日在国会发表的首次施政方针演讲［N］. 东京新闻, 2013-01-29.

在此之下，为全面形成围堵中国的格局，安倍内阁积极搭建民主国家联盟框架，试图以"战略外交"弥补军事上的短板，构建所谓"民主安全钻石菱形"。安倍的野心不只在东南亚地区，而是意欲以美日同盟为中心，组建日本、美国、澳大利亚、印度在内的"菱形（四边形）民主安保钻石"。以此为基础，将马来西亚、新加坡、新西兰等国的防卫体制也"叠加"进来①，并探讨和英、法等国在该地区安全合作的可能性，从而形成一个覆盖两洋的新的安全体系，这成为安倍"俯瞰地球仪"外交的追求目标。印太战略下的日美澳印合作，包含日本突破地缘战略空间、建立海洋国家安全合作体系；建构"扩大亚洲"，扩展东南亚、东亚安全战略空间的战略意图。这既是日本"军事复国"道路上军事扩张战略的印证，也是日本维护同盟体系、扩展自身在东南亚的战略空间，提高自身在安全格局中地位的手段。其根本意图还在于逐步在东南亚、东亚，乃至亚太安全格局中奠定稳定的战略根基。

在上述考量下，日本抵制中国的各项积极倡议，在东南亚掀起全方位反华、制华、遏华的浪潮。这一行径不仅加剧了周边安全环境的紧张，也为中美两个大国之间的军事对峙提供了可能，使东南亚地区军事安全形势进一步恶化，对追求各大国协调均衡的东南亚安全格局造成极其负面的影响，但同时，日本对中国的过分遏制，也对日本与东南亚国家的关系产生一定的负面影响。部分东南亚国家不愿日本通过针对中国的所谓安全合作介入东南亚地区事务，但日本的遏制确实恶化了中国在东南亚的舆论环境、助长了部分东南亚国家对中国的猜忌，也为日本介入东南亚安全事务，扮演调停者、斡旋者的角色提供了可乘之机，而日本通过同盟关系的加强、军事合作的升级，也必将加深对东南亚安全格局的影响。

五、日本对东南亚安全事务的进一步介入面临诸多条件的制约

尽管近年来日本在东南亚安全格局中异常活跃，所扮演的角色也日趋重要，但是其影响力的提升及其进一步掌控东南亚安全格局仍面临着多方面的

---

① 山本吉宣. インド太平洋と海のシルクロード―政策シンボルの競争と国際秩序の形成 [EB/OL]. PHP 特別レポート，2016-05-18.

限制。

首先，来自日本自身的原因。经过"失去的20年"，日本对国际事务的影响力有所下降，在进一步介入东南亚安全格局中可利用的战略资源后劲不足，也相应缺乏足够的政治、外交影响力，军事干预的条件和能力也十分有限。此外，日本的军国主义历史和对东南亚侵略行为反省的不彻底，使东南亚国家对日本增加在东南亚军事的行为心存反感，对日本"军事复国"的战略持警惕和怀疑的态度。东南亚国家无法完全放下戒备接受日本对东南亚安全格局的进一步掌控，也不会支持日本出于自身战略利益在东南亚发起的围堵中国的过激行为。

其次，来自美国的制约。美日同盟本身具备约束日本的作用，美国需要日本配合其亚太战略，因而鼓励日本在地区安全领域发挥更大的作用，提升日本在同盟体系中的地位，但本质上美国并不会完全放松对日本的约束。伴随着近年来美国对盟国的军事控制日益有限，已不能收到预想的成效，危机感逐渐上升[1]，美国对日本"借船出海"，重视安全战略的独立性，进而谋求政治、军事大国的图谋深怀疑虑。在此之下，美国必将对日本有所防范，竭力将日本在东南亚安全格局中的政治、军事影响力限制在美国允许的范围内，以防止日本过分膨胀，破坏地区安全格局的平衡。日本在对东南亚安全事务的介入中，还是要紧跟美国的步伐，以美国的意志为根本出发点。

再次，来自中国的影响力和反制措施。近年来日本对东南亚安全格局的介入多将矛头指向中国，并试图在东南亚构筑对华战略包围圈，以制衡中国，但是随着中国经济的快速发展，中国与东南亚各国之间的经济合作不断加强，双方相互依赖程度不断加深，中国已经成为东南亚国家最重要的贸易伙伴之一。在经济利益之下，东南亚国家并不愿意与中国交恶。连美国的盟友——澳大利亚和印度都先后于2007年、2013年因为出于对中国敏感态度的考虑而退出有日本参加的联合军事演习。2013年日本东盟特别峰会上，安倍欲借中国划定防空识别区议题拉拢东盟发表针对中国的共同

---

[1] KIM J. Alliance Adjustment in the Post-Cold War Era: Convergence of Strategic Perceptions and Revitalization of the ROK-US Alliance [J]. Pacific Focus, 2015, 30 (1): 33-58.

声明,也遭到东盟的拒绝。"一带一路"倡议的实施,更加深了中国与东南亚各国的合作关系,提升了中国在东南亚地区的影响力。此外,作为东南亚安全格局多极化中的重要一极,中国在东南亚安全格局中也发挥越来越重要的作用。面对日本的遏制,中国也会实施有效的反制措施对日本加以还击,而日本出于自身目的对东南亚安全格局的过分介入,中国也必将采取强有力的行动进行制约。

从次,东盟主导的东南亚区域一体化进程也将制约日本对东南亚安全格局的第一步介入。实行"大国平衡"政策的东盟,近年来坚持致力于实现区域一体化进程的努力。2009年第十四次东盟首脑会议上,在全球金融危机更加紧迫的时刻,东盟首脑仍坚定表示东盟要在2015年完成东盟共同体的建设,并最终于2015年12月31日,成立东盟共同体。东盟共同体,尤其是东盟安全共同体的建设和完善,将在一定程度上凸显东盟在东南亚安全格局中的主体地位,有力制衡日本对东南亚安全格局的介入。作为东南亚安全格局中的重要一极,东盟一向以"大国平衡"战略处理与区域外大国间的关系,日本也不例外。东盟主张以多边安全合作作为地区安全治理的主要模式,同时坚持对区域外大国实行对冲战略,既追求与日本间的安全合作,又对日本抱有防范之心,与日本在安全合作中保持适当的距离,并防止日本过分深入地介入东南亚安全格局。

最后,东南亚安全格局朝着多极化趋势发展成为日本所不得不面对的客观情况。除了前面所述的东盟和中国、美国、日本等域外大国外,东南亚安全格局的多极化趋势仍将进一步发展。英国和加拿大都宣称要与包括中国在内的亚太国家加强军事合作。英国防长公开表示:"英国其实一直都有介入亚太地区事务,我们将会投入更多的资源介入亚太。我们期待在亚太地区,能有更多的军事层面的作为。"[①] 加拿大防长也称:"加拿大与菲律宾等国签订涉及士兵的训练以及军官的培训等方面军事合作的相关协议。同时也很愿意

---

① 南方日报记者采访与会五国防长 印尼防长:东盟不会成为军事同盟也不支持打仗[N]. 南方日报,2013-06-03.

参加美国提出的将要在夏威夷举行的东盟防长扩大会议。"① 域外多国势力对亚太安全事务的重视，必然会直接或间接地造成他们对东南亚安全格局的介入。东南亚安全格局的多极化趋势进一步发展，必将对日本的战略企图实现有效的制约与约束。

---

① 南方日报记者采访与会五国防长　印尼防长：东盟不会成为军事同盟也不支持打仗[N].南方日报，2013-06-03.

结 论

第一节 冷战后日本介入东南亚安全格局的特征和方向

在国际体系的每次转换中，日本都会被赋予一种相对"特殊"的身份。冷战后也不例外。两极格局结束后，日本利用体系的转换建构自己在东南亚地区安全事务中独特的身份，乃至有野心构建由自己主导的东南亚地区安全格局。如何在冷战后东南亚安全格局的重建、塑造中获得主动和优势，成为日本国家战略转型的重要目标。日本将其东南亚安全战略隐含于对自身国内法制的突破、对美日同盟的转型和推动多边安全合作下的东南亚地区秩序具体构想之中。在这个过程中，日本对东南亚安全格局的介入逐步深入。近年来，日本对东南亚安全事务的态度和战略更加明确、清晰，对相关领域的安排、介入也更加积极。

东南亚安全格局的历史性变迁为系统考察日本在冷战后东南亚安全格局重塑、变迁中的地位和作用提供了系统的脉络和依据。日本以何种身份参与、建构东南亚安全格局，以何种方式、手段力图介入和控制东南亚安全格局，以何种战略影响东南亚安全格局的变迁，对分析日本东南亚安全战略的目的性和影响力来说具有重要的作用。在此之上，我们对冷战后日本介入东南亚安全格局的特征和方向进行相应的梳理与探讨。

第一，日本对东南亚安全格局的介入与冷战后东南亚安全格局的变迁有直接密切的关系。因此，在冷战后不同阶段中的东南亚安全格局中日本对东南亚安全格局的介入有不同的特征和方向。冷战后，东南亚安全格局的重塑中，日本致力于自身大国身份的重新定位，进而以积极态度介入东南亚安全格局。具体表现为日本政府首脑频繁出访东南亚，并越发重视地区安全事务；以柬埔寨问题作为介入东南亚安全事务的突破口；与东南亚国家展开传统安全领域的密切交流。21世纪初，日本的东南亚安全战略进入加速转型期，日本致力于增强自己的军事实力、积极参与海外安全合作行动、巩固和增强美日同盟关系，并通过谋求与亚太其他国家建立双边安全关系推进多边安全框架的建立，同时日本也提出了带有安全领域考量的具体的外交战略，以构筑对自身有利的东南亚安全格局，并争取在其中发挥更大的作用。2008年后，日本为实现其国家战略诉求而积极配合美国调整自身的东南亚安全战略。中国崛起带来的地缘政治格局变化，为日本进一步介入东南亚安全格局提供了有利的大环境。此时，日本表现出明显的独立性，试图构建以日本为核心的新秩序，尤其是安倍第二次上台后，更是表现出明显的主导东南亚安全格局的意图。安倍提出"东南亚外交新五原则"，并在提升日本军事实力、突破国内法制限制、巩固同盟体制下，明确军事大国化发展路线，积极构建以日本为主导的地区多层次安全合作体系。在此之下，日本主导东南亚安全格局的目标逐渐明晰。

  第二，日本对东南亚安全格局的介入与冷战后美日同盟体制在不同阶段的发展巩固有直接密切的关系。冷战后美日同盟的漂流，使日本试图从提倡和参与、推动多边安全合作领域入手，以单独的身份介入东南亚安全格局。在日本的介入成效较为有限和美日利益契合点的连接下，美日同盟重新定义并得以提升。此后，不管是"9·11"事件后的东南亚安全形势需要，还是中国崛起使中国日益成为日、美两国的防范和担忧对象，都为美日同盟的巩固与重新定义创造了历史性的条件。在此之下，日本在美日同盟体系中的地位逐渐提升，日本对美国东南亚安全战略乃至亚太、全球安全战略的重要程度都益加显现。日本趁机"借船出海"，在美日同盟安保体制之下，积极发展同美国盟友的安全合作关系，在东南亚领域凸显自身的独特地位，有力介入东南亚安全格局。可以说，冷战后美日同盟的不断巩固与提升，为日本介入东南亚安全格局提供了明确的"身份证"和最佳契机。美国在战略需求下，积极推动日本与其他盟国展开安全合作，日本也积极配合美国在印太战略框架下扩展同盟关系网络，之后，强化美日同盟仍将是美国重要的政策支撑。作为太平洋"永不沉没的航母"和美国在亚太地区最重视的盟友，日本在美国未来的东南亚战略安排中仍将承担重要的职责和作用。

第三，日本对东南亚安全格局的介入在冷战后不同时期注重不同的领域和方向。日本结合自身不同时期的不同东南亚安全战略和实际情况，有所侧重并有针对性地介入东南亚安全格局。鉴于日本与东南亚冷战前在经济领域的密切合作和联系，冷战结束后初期，日本将经济实力视为其获得国际政治权力的最重要的源泉，因而延续冷战时"经济中心主义"的导向，以经济安全领域为介入东南亚安全格局的主要切入点。1997年亚洲金融危机为日本提供了介入东南亚安全格局的更多可能。不管是日本与东南亚国家关系的进一步提升，还是东盟安全重心向美日的倾斜，都使得日本借助经济安全领域，加深了与东南亚国家的安全合作关系。21世纪初，在东南亚安全形势的变化下，日本除积极与东南亚国家展开传统安全领域的交流外，更注重从非传统安全领域入手，以相对缓和和容易被东南亚国家和域外大国接受的方式介入东南亚安全事务，进而与东盟在经济安全、反恐、反海盗、区域能源安全、环境污染与自然灾害防治等非传统安全领域展开全面的合作。2008年后，日本明显地转向传统安全领域，并日益重视海洋安全战略。冷战后，日本越来越重视海洋战略，呈现出明显的海洋立国的倾向。日本从经济、政治、安全等多个领域介入东南亚海洋事务，并在东南亚海洋安全事务中扮演越来越重要的角色。2008年后，日本为实现自身的战略诉求，全面介入南海问题，并将自身的海洋安全战略逐渐由过去的海上非传统安全领域合作转向传统安全领域合作。在扩大自身军事存在和加强与东南亚国家海事安全合作的基础上，通过海洋安全磋商构建海事安全合作框架，使日本主导东南亚海上安全事务，以此来扩大日本在东南亚地区安全格局中的影响力和控制力。

第四，日本对东南亚安全格局的介入与其正常国家化的战略目标相互影响、相互促进。正常国家化下对战后安保体制的突破和建设军事力量、提升政治实力的要求，为日本的东南亚安全战略提供了相应的保障，而在利用事态和介入东南亚安全格局、配合美日同盟的需要下，日本逐渐实现突破国内法制限制的目标，加速对正常国家化的追求。仅21世纪以来日本就三次制订和修改防卫计划大纲和中期防卫力量计划，出台的"有事立法"以及修改案更近20多个，比二战后到20世纪末这55年的总数还要多。从防卫计划大纲的修订看，从1976年至2013年的5个防卫计划大纲的修改间隔分别为19年、9年、6年和3年，其调整速度可见一斑，尤其是安倍二次上台后，日本的防卫体制更面临全面的调整和重新定位。日本先后通过新《防卫计划大纲》《中期防卫力量整备计划》及二战后首个《国家安全保障战略》，并在2015年通过了酝酿已久的安全保障相关法案，颠覆了战后日本长期坚持的"专守防卫"政策，解禁了日本的"集体自卫权"。冷战后，日本的政治格局越来越趋向于保守化和右倾化，正常国家化的战略诉求将使军国主义思想及其行为拥有更大的活动空间，这对今后日本的东南亚安全政策和东南亚安全格局都将产生直接而深远的影响。

第五，随着日本对东南亚安全格局的介入不断深入，日本开始重视对东南亚地区安全机制的参与与建构，并在此之上提出多种由日本主导的地区安全战略构想。日本的东南亚安全战略包括三个层次的构筑，除了美日同盟体制和扩展同盟等多边安全机制的建设外，地区安全机制的构建与参与也是日本追求东南亚安全战略能效的重要层次。随着日本对东南亚安全格局介入的深入，日本与东南亚相关国家制定海事合作相关机制，提倡并参与东盟论坛，在"东盟+3""东盟+6"的机制下参与地区安全合作，日本对地区机制的构建与参与，成为日本介入东南亚安全格局的另一条重要途径。在此之上，日本历届政府提出了多种关于东南亚地区的地区安全战略构想。从20世纪初的"东亚共同体"设想，到"价值观外交""积极的亚洲外交"都充斥着日本旨在主导东南亚安全事务的战略考量。此后的"自由与繁荣之弧"、海洋国家联盟、"俯瞰地球仪"外交等更是具有强烈的地缘政治概念与倾向，尤其是安倍目前推进"积极和平主义"，构建"民主安全钻石"的目标和建立"东亚版北约"的战略设计，在成为日本构建东南亚安全战略主导性行为模式的同时，必将对东南亚安全格局造成较大的影响。

第六，日本对东南亚安全格局的介入，在一定程度上是对中国的防范与遏制。冷战后中国的崛起，使日本更加积极地介入东南亚安全格局，同时也为日本介入东南亚安全格局提供了借口与理由，为东南亚国家和域外大国接受日本介入东南亚安全格局提供了机遇与便利。日本在国家战略需求下，恶意在东南亚地区渲染"中国威胁"。"中国威胁"这一概念最早是由日本学者村井友秀于1990年提出的。[①] 在恶意的渲染和挑拨中，日本获得了部分东盟国家的信任，得到了参与东南亚安全事务的可能机会。1997年金融危机后，中国"威胁"因素开始显现出来。在21世纪初的东南亚安全格局演变中，中国影响力趋于上升，但"中国威胁论"并没有消弭。中国的崛起让美国更重视美日同盟关系，美国开始将中国视为其全球霸权的头号对手。东盟对待中国在经济上和安全上持完全不同的态度，东盟在安全事务上对中国的防范，也有利于日本对东南亚安全格局的介入。2010年中日经济实力地位发生逆转，这引发了中日间结构性矛盾的凸显。2013年后，日本出台的《国家安全保障战略》《防卫计划大纲》《中期防卫力量整备计划》等战略计划，都开始明确把中国视为主要潜在军事威胁和防范对象。中国崛起和日本谋求政治军事大国是影响东南亚安全格局的两个重要外部变量。"中国威胁论"的有意渲染和日、美、东盟对中国的防范，都使东南亚地区安全形势变得更加复杂。在东南亚安全格局的构建中，日本始终以进行地缘政治斗争为首要目标，这是日本东南亚安全战略不变的底色，在一定程度上给东南亚安全形势带来了负面的影响，也为日本对东南亚安全格局的介入设置了障碍和阻力。

第七，日本对东南亚安全格局的介入在冷战后东南亚安全格局的不同态势下，呈现出不同的状态和效果。冷战后，在各方力量的变化和不同战略考量中，东南亚安全格局被明显重构。在各方力量重构东南亚安全格局的过程中，东南亚地区逐渐形成多边安全合作的局面。日本抓住东南亚地区秩序重建的契机，在东南亚安全格局中得以重建自己区域外大国的国家身份、获得了冷战后重塑自身在东南亚安全事务中国家利益的可能性。"9·11"事件后，虽然美国继续在东南亚安全格局中发挥关键性的作用，但东南亚安全格局中的各极力量呈现出明显的均衡化趋势。日本的积极介入、中国的迅速崛起和东盟在"独立自主安全观"下建设东盟安全共同体，都使东南亚安全格局呈

---

① 村井友秀. 新·中国"脅威"論[J]. 諸君，1990 (5)：186-197.

现多元的发展形态。21世纪，虽然日本有效地介入东南亚地区事务，但在均衡化趋势下，日本在东南亚安全格局中的影响力有所下降。2008年，美国战略东移，尤其是2012年安倍第二次执政后，在借助同盟体制和自我利益最大化的追求下，日本介入并主导东南亚安全格局的野心越来越明显和不加掩饰。尽管近年来日本在东南亚安全格局中异常活跃，所扮演的角色也日趋重要，但是其影响力的提升及进一步掌控东南亚安全格局仍面临着诸多方面的限制，这也是日本所不得不面对的现实。

第二节 日本的介入对东南亚安全格局的影响

日本的介入对东南亚安全格局的影响，主要体现在日本自身安保法制的突破和政治军事大国化诉求、美日同盟体系、日本对多边安全合作体制的推动与日本对中国的遏制等几个方面。

一、日本安全政策全面转型对东南亚安全格局的影响

随着日本突破战后安保体制，放弃"专守专卫"原则，日本的安全政策已进入全面转型期。在加快推进安全政策改革、摆脱战后体制外，安倍政府提出"民主安全钻石菱形构想"，加紧构筑以日本为首的安全合作框架。日本安全合作构想带有以提升安全合作能力为名、重整军备的明显意图，将影响东南亚地区的安全格局，加剧东南亚的安全困境。

首先，近年来安倍否定战后国际秩序，挑战东南亚安全格局。安倍在多个场合公开否认日本的侵略历史，并在公开讲话中有意回避"无核三原则"[①]等行径都印证了安倍政府试图背离和平主义道路，否认战后国际秩序。这引发了国际社会特别是东南亚国家和周边邻国对日本是否重走军国主义旧途的忧虑。这加剧了东南亚地区军事安全形势的恶化，使东南亚安全格局变得更加复杂。

---

① 日本广岛核爆70年 安倍忘提"无核三原则"？[EB/OL].新华网，2015-08-06.

其次，安倍政府大力发展军事力量，再加上战后安保体制的突破使日本军力提升、攻击性变强，这改变了原有的地区军事力量对比，增加了东南亚国家和区域外大国与日本的战略互疑，加重了东南亚地区军备竞赛的可能性，加深了地区大国间的安全困境，影响东南亚、东亚，乃至亚太地区整体的安全环境和态势。在此之下，日本很难取得东南亚国家的完全信任，使日本在与东南亚国家开展安全合作中面临阻力，这成为日本进一步介入东南亚安全格局的重要挑战。

最后，日本安全政策全面转型，影响东南亚地区安全格局的均衡化发展倾向。地区格局的均衡化发展有利于地区的和平与稳定。日本逐渐背离战后"专守防卫"的和平主义路线，加深中日安全困境，也使得中美战略互疑加深，这打破了东南亚地区中、美、日三国协调的平衡态势，也影响了东南亚地区均势安全格局。

日本安全政策全面转型和安倍政府的"军事复国"政策对东南亚地区的影响，总体呈现出加剧地区军事安全形势恶化、加深地区大国间安全困境及挑战东南亚地区均势安全格局的特点。

二、同盟体系对东南亚安全格局的影响

美日同盟对亚太安全的影响主要源于美日在亚太不同的安全需求及两者通过同盟体制进行的互动与博弈。[①] 美日同盟对东南亚安全格局的影响同样如是。美日同盟的架构不仅是美国控制东南亚的战略部署，也是日本争取东南亚安全格局主导权的阶梯。美国在东南亚的霸权和美日同盟对东南亚安全格局的主导位置都使同盟体系对东南亚安全秩序产生重要影响。

美日同盟的存在，对东南亚安全格局中潜在安全危机构成一种威慑态势，是东南亚安全格局中最重要的平衡和保障机制，有利于缓解东南亚地区的安全矛盾，在一定程度上克服东南亚地区的安全困境，有效遏制现实的或潜在的安全危机的爆发和扩散。美日同盟体制除了保障东南亚安全态势的和平与

---

① 聂宏毅，肖铁峰. 美日同盟的历史演变及其对亚太安全的影响[J]. 当代亚太，2007(8)：39-45.

稳定，还有规范日本的重要作用。随着日本军事大国化倾向的凸显，美日同盟体系可以有效制约和防范日本军国主义的复兴。因而，有学者认为，美日同盟解散的直接后果可能是日本与中国之间激烈的军备竞赛，以及日本重新走上回归"军事大国"的道路。[1] 对于一心"军事复国"的日本，同盟体制的规范作用，对东南亚安全格局的稳固有重要的意义。

但总的说来，美日同盟的负面作用要超过其在东南亚安全格局中的积极作用，严重损害了东南亚安全格局的和平与稳定。首先，美日同盟的大国遏制战略导致了东南亚的安全困境。美日同盟使美日在自身利益诉求下的结合及美日同盟对东南亚安全格局的主导，必然会引起东南亚国家及相关域外国家的警惕，造成国家间的防范与隔阂，恶化地区安全环境。其次，美日同盟体制的存在不利于东南亚地区安全机制的设计。"地区内原有的军事同盟的存在是地区安全机制设计的难点。美日同盟在冷战后不断加强和调整，给地区其他国家造成了很大的安全压力，使得新安全机制的产生面临更多复杂的因素。"[2] 再次，美日同盟与地区多边机制存在天然的矛盾。尽可能多地争取各极力量协商解决地区安全问题与同盟体制对地区安全事务的主导和绝对影响间不可调和，直接影响东南亚地区多边安全机制的运行与作用。最后，强化后的美日同盟具有明显的干涉性和排他性，表现出明显的霸权主义和强权主义，尤其是对地区新兴大国的遏制，不利于地区力量的平衡，破坏东南亚地区原有的均衡架构和制衡机制。作为日美两国谋求自身战略利益的工具，同盟体制加剧了东南亚地区的安全困境。

三、多边安全机制对东南亚安全格局的影响

冷战后亚太地区的多边安全合作发展迅速，加强了各国的相互依存关系。东盟地区论坛就是冷战后出现在东南亚地区的多边安全对话合作的典范。多

---

[1] FRIEDBERG A L. Ripe for Rivalry: Prospects for Peace in a Multipolar Asia [J]. International Security, 1993, 18 (3): 5-33; Christensen T J. China, The U.S.-Japan Alliance, and the Security Dilemma in East Asia [J]. International Security, 1999, 23 (4): 49-80.

[2] 朱峰."变化中的东北亚地区安全"国际学术研讨会暨"第一届北京大学东北亚地区安全论坛"会议综述 [J]. 国际政治研究, 2005 (1): 71-77.

边安全机制的建立,有利于东南亚安全格局的多元化和均势化发展,而多力量中心的均势局面又会使东南亚安全格局相对平和。在美国对东南亚安全格局拥有绝对影响力的同时,中、日、东盟、俄、印等国在东南亚地区安全格局中形成了力量角逐与制约的均衡态势。日本作为多极中的一极,在一定程度上对东南亚安全格局的均势化产生了正面的积极作用。

在具体的多边安全机制中,日本提倡并参与多个东南亚多边安全机制,在加强自身对东南亚安全事务的介入的同时,也在客观上提升了多边安全机制在东南亚安全格局中的地位和作用。多边安全机制对地区安全秩序的塑造有积极的意义,它可以"界定行为规范、制约国家活动、帮助国家的期望值趋同"①。一旦建立和运行,就会对地区的安全和稳定发挥重要作用,并对地区内国家的安全环境、安全政策产生重大影响。多边安全机制代表和平发展的时代主流,体现多数国家的意愿。此外,多边安全机制会对霸权主义产生一定的约束作用,在一定程度上促进东南亚安全格局的有序发展。多边机制既是日本对美日同盟体制的维护,也是日本扩展东南亚战略空间、提升自身战略地位的手段,但它在一定程度上助长了东南亚地区多边主义,对东南亚安全格局的稳定起到有益的影响。

日本对东南亚多边安全机制的提倡和参与是从自身的国家利益和战略诉求出发的。日本希望东南亚多边安全机制可以帮助自己介入东南亚安全事务,并在对多边安全机制的主导下掌控东南亚安全格局。日本并不是希望利用多边安全机制保障东南亚地区的安全与稳定,而更多地希望多边安全机制成为自己实现政治目标、打压遏制对手的工具。从这个角度来看,日本出于自身利益所推动的多边安全机制中充斥了制造对立、妨害共识的内容,对东南亚地区的安全格局产生一定的负面影响。

四、日本的大国遏制战略对东南亚安全格局的影响

随着中国的快速崛起,中日力量对比发生逆转,东亚地缘政治格局也随

---

① 秦亚青. 国际制度与国际合作:反思新自由制度主义 [J]. 外交学院学报,1998 (1):41-48.

之发生调整。在此之下,日本"被孤立的恐惧"和"对中国地缘政治实力的评估等因素所驱动"①,开始了全面的遏制中国战略。日本抵制中国的各项积极倡议,掀起了全方位反华、制华、遏华的浪潮,在东南亚安全事务中也不例外。这对东南亚安全格局产生了十分负面的影响。

日本对中国的遏制,造成大国间的安全博弈,加深地区的安全困境。冷战后,东南亚地区日益成为各大国战略博弈和利益角逐的交汇处。日本的遏制战略,造成大国在东南亚地区展开力量博弈,并在许多领域内产生意识分歧,大国矛盾不断凸显,会使东南亚安全格局陷入大国博弈的困境之中。其次,日本为了主导东南亚安全格局,对任何可能挑战和影响其掌控能力的国家都奉行遏制战略,这种做法塑造了东南亚的竞争性安全格局。这不仅可能导致大国间的军事对峙,更会对东南亚安全局势产生恶化的影响。在竞争性安全格局下,国家关系当中协调合作的一面受到限制,冲突竞争的一面则被放大。东南亚地区原本就存在国家利益冲突,领土领海纠纷、政治经济制度差异、多民族结构、历史与文化多样性等复杂的矛盾和潜在的安全威胁,这种竞争性安全格局,可能会激发各国的安全竞争,加剧地区的安全紧张。此外,值得注意的是,日本的大国遏制战略影响东南亚地区的集体安全认同建构。这既影响地区的安全合作,也严重影响东南亚安全共同体的运行和能效,将导致东南亚安全格局充斥更多的复杂性和不确定性。

第三节　冷战后日本在东南亚安全格局中的地位和作用

一、日本介入东南亚安全格局有多重利益考量

日本的东南亚安全战略归根结底是由其国家大战略所决定的。东南亚安全既是日本安全的基础和保障,也是日本获取地区地位的源泉和根基。日本

---

① GREEN M. Japanese Security Policy in East Asia [J]. Asian Economic Policy Review, 2007, 2 (2): 208-222.

对东南亚安全格局的介入有多重利益考量。

二战后，海洋国家论与贸易立国战略紧密结合，成为日本国家安全战略的理论基础。日本是一个岛国，强调自己是一个海洋国家，"若其脱离于外部世界的关系，就无法确保其生存和经济发展，这是日本安全保障的现实，但是，更无法否认的现实是，地理上更近的东亚、东南亚地区安全对日本的影响最直接"①。在政治、经济、安全事务上，东南亚在日本安全保障战略和相关政策中都占有极其重要的位置。维护日本本土的安全及保障国家的利益是日本东南亚安全战略的最核心目标，是日本安全战略的主要前提和根本保障。日本需要维护本国的安全环境，强化自身必要的遏制力，构筑东南亚地区的安全环境。除了国家安全外，日本认为的安全还包括国家经济安全层面。冷战后，日本介入东南亚安全格局有一个明显且明确的目的，就是日本认为的经济上的核心利益。日本将东南亚视为发展经济的后院，因而，充分重视东南亚的和平与稳定、贸易自由和市场开放。在此之下，维护东南亚安全格局的安定、促进东南亚经济的发展，利用开放市场开展自由贸易符合日本国家安全的核心利益。

冷战后，东南亚在日本地缘政治战略思考中占据着越来越重要的位置，还有一个原因，就是日本作为传统的东亚国家，在冷战中与东南亚地区建立起密切的经济联系和往来，因而冷战后，日本为谋求政治军事大国的国家目标，必然将东南亚乃至东亚看作其获取政治安全权势、塑造有利于自身国家利益的地区安全格局的地缘政治根基。

在冷战后多重力量重塑东南亚安全格局的过程中，国家利益、同盟需求、威胁意识和可利用资源逐渐成为日本东南亚安全战略的基本影响因素。② 在此之下，日本的国家安全利益诉求更加多样，但其介入东南亚安全格局的利益考量一直没有改变。国家安全、经济发展、攫取相应的政治安全资本，一直都是日本介入并力求主导东南亚安全格局的利益诉求和根本考量。以追求自我利益为出发点，已经从一开始就决定了日本介入东南亚安全格局的性质和

---

① 江畑谦介. 安全保障とは何か [M]. 日本：平凡社，1999：60-62.
② 周建明，王海良. 国家大战略、国家安全战略与国家利益 [J]. 世界经济与政治，2002 (4)：21-26.

效能。

二、美国是影响日本东南亚安全战略的首要外部变量

冷战后,日本的东南亚安全战略必须放置于美国全球战略和同盟体制中去审视和考量。在影响日本对外战略的诸多外部因素当中,美国的态度和立场至关重要,二战后一直是影响日本政策选择的最大外部变量。日本东南亚安全战略的转变隐含于冷战后美日同盟的转型之中。

美日同盟是日本维护自身安全最重要的机制安排,更是日本介入东南亚安全格局最重要的工具。在同盟体制下,冷战后日本重新介入东南亚安全事务,实现自身的身份建构,并通过追随美国,分享美国霸权在东南亚安全格局中的权力。在此之下,日本介入的东南亚安全格局的身份不与其国家性质相关,而与其在体系中的战略地位直接相关。[1] 因此,日本需要追求在美日同盟体系中的最佳位置,并以此来使自己在东南亚安全格局中保持优越性。在此之下,日本不但需要参与美国的同盟体制,更要提升同盟关系、扩大与美国同盟利益的联结,而在美国的亚太同盟同心圆结构当中,日本是对美国最为重要的,位于多层同心圆的内圆。[2] 日美两国实现了同盟体制的利益契合。在此之下,日本积极发展同美国其他同盟的关系,成为美国塑造亚太战略新格局的重要支柱和推手。冷战后,在日本历届政府的努力和美国的战略需要下,以美国为"单一轴心"的亚太安全格局主线呈现出向"美主日辅"格局演变的趋势。借助美日同盟,日本不但有效地介入了东南亚安全格局,更在亚太乃至全球扮演越来越重要的角色。

但日美两国在价值观、经济发展、政治实践方面存在根本的分歧。不同的历史、文化以及国际地位造成两国价值观和国家利益的不同。竞争型的经济关系,使双方间的贸易摩擦不断。此外,日美关系很少真正实现对等,同盟体制在一定程度上限制了日本的政治独立和外交空间,影响了日本的独立性。美日同盟增加了日本卷入冲突的可能,不利于日本的国家安全。基于以

---

[1] 郭玉强. 21世纪初日本东亚地缘安全战略研究[D]. 长春:吉林大学,2017:101-103.
[2] 刘镨. 冷战后美国东亚安全战略研究[D]. 长春:吉林大学,2013:77-89.

上种种，日本在以美日同盟为依托介入东南亚安全格局的同时，也在不断寻求突破同盟限制的方式，加上美国出于战略需要对日本的松绑，都使日本成为影响未来东南亚安全格局的重要不定变量。

三、冷战后日本的独立自主性不断加强

冷战后日本的东南亚安全战略迎来新的转折点，而转折的核心在于"自主"还是"依赖"。经历了冷战后美日同盟的漂浮后，日本更深刻地认识到同盟体制的重要性，因而重新选择依赖美国。随着日本对东南亚安全格局介入的深入和自身独立自主性的不断加强，日本开始思考如何摆脱依赖。所以冷战后，日本将自身安全与周边安全更直接、具体地联系起来。[①] 日本一方面强化同盟体制，另一方面与东南亚国家展开更为密切的安全交流和安全机制建设，这是日本同盟体制外独立性的焕发。

在追求政治大国化的路上，日本需要美国的支持，但美日同盟的固有矛盾，即同盟体系对日本的束缚与监管，也在一定程度上决定，美国不会完全放任和支持日本的复兴之路。因此日本的独立性萌生的同时，也需要寻找新的借力点。推动地区多边安全合作机制的建立，在一定程度上符合日本的国家利益。21世纪后，日本历任政府提出的地区安全合作机制，都旨在积极探讨日本的政治与战略空间，试图重新在地缘政治框架中确立自身的权势基础。

在此之下，日本的东南亚安全战略呈现一种奇特的现象，就是"双重身份"的构建。如同历史上，日本弱时和强国结盟，在东亚累积力量；强时则回归东亚，与域外强国展开竞争。这放在日本介入冷战后的东南亚安全格局中同样适用。对外结盟一直是日本弥补差距、改变身份的重要手段。与强国建立某种"特殊关系"，在地区维持其超越其他国家的权势与威望，在谋求与强国平起平坐的"赶超战略"下不断地进行两面下注，同时挥动"商人之剑"与"军事之盾"在"经济与军事威胁之间伺机而动"[②]，也是日本安全战

---

① 卢昊. 战后日本安全政策："军事正常化"的发展 [J]. 日本学刊, 2015 (6)：28-48.
② 塞缪尔斯. 日本大战略与东亚的未来 [M]. 刘铁娃, 译. 上海：上海人民出版社, 2010：9.

略的固有传统。在东南亚安全格局中，有时倾向同盟体系，有时又倾向于地区安全合作。作为不折不扣的机会主义者，日本的国家战略选择灵活多变。再加上日本国家战略的徘徊性和模糊性，日本的东南亚安全战略始终在美国与东南亚地区、双边与多边、同盟与地区安全机制间犹豫与左右摇摆。

四、日本善用事态和威胁介入地区安全事务

冷战后日本军事上的每一个重大举动都是在所谓"威胁"的幌子下采取，其真正用意在于打破战后禁区，在世界军事领域一显身手。① 冷战后，日本对东南亚安全格局的介入也不例外。

日本利用事态和所谓"威胁"，一次次地突破限制，介入地区冲突，逐渐突破了战后安保体制的限制，完成了"集体自卫权"的解禁；逐步巩固和提升了同盟关系；推动并主导了部分东南亚地区安全合作机制，如主导地区反海盗机制等。

日本利用事态和"威胁"，利用可能的每次契机和机会，有效地介入了东南亚安全格局，同时，还利用所谓"威胁"，实行遏制战略，以此介入地区安全事务。

遏制中国，是日本当前的重要战略目标。21世纪初，中国经济的快速崛起改变了地区的权力结构和安全格局。面对中国在东南亚地区力量的逐日增强，日本感到巨大的压力。受国内政治的影响和美日同盟本质的要求，日本的东南亚安全政策始终以进行地缘政治斗争为其重要目标，并据此制定安全战略、与相关国家展开安全合作。宣扬"中国威胁论"，使日本获得了提升自己在美日同盟体系中地位的机遇，给自己国内法制的松绑和进一步介入东南亚安全格局提供了借口与理由。目前，中日两国的竞争与博弈仍在不断深化。日本必定会继续宣扬"中国威胁"，日本对南海问题的介入就是最佳的例证。在此之下，日本对东南亚安全格局的介入充斥了地缘政治斗争的内涵。

此外，不论是日本的"军事复国"战略，还是日本不变的政治军事大国

---

① 孟祥青. 居心叵测的战略举措：日本参与TMD的背景与企图[J]. 世界知识，1999（7）：18-19.

化目标，抑或日本主导东南亚安全格局的野心，都需要利用事态和威胁来继续为日本创造可能的条件、谅解与支持。可以预期的是，在今后，日本仍将会挑起、利用事态，宣扬"潜在威胁"。

五、在东南亚地区多边机制、非传统安全问题中日本有所作为，对东南亚安全格局发挥一定的积极作用

冷战后多方力量重构东南亚安全格局，东南亚安全格局发生了深刻而复杂的变化。各大国力量相互制约的复杂竞争关系促进了东南亚安全格局的均衡发展，使东南亚安全格局总体上保持相对稳定的态势。东南亚安全局势的稳定，来自三个支柱的保障，即美国同盟安保体制、双边关系发展和多边主义的盛行。从这个角度上讲，无论是美日同盟的正面效应、日本积极发展同东南亚国家的双边合作关系，还是日本本身作为一极力量介入东南亚安全格局，助长地区多边主义，都对地区安全起到了一定的积极作用。

尤其是日本对东南亚地区多边安全合作机制的参与和推动。一般地区多边安全机制分为四种，即军事同盟、大国协调、合作安全和集体安全。东南亚地区多边安全框架尚未形成多边同盟、大国协调及集体安全机制，而是以合作安全为主要模式。相互补充、相互辅助的地区多边安全机制的存在，塑造了东南亚地区总体性安全机制的基本形态。在此之下，地区多边安全机制的形成与发展为东南亚安全态势的稳定提供了重要的保障。

日本出于自身的战略诉求，积极推动并参与地区多边安全合作机制，客观来讲在一定程度上促进了东南亚地区多边安全合作机制的不断发展。东盟地区论坛，作为东南亚地区最重要的官方多边安全对话与合作机制论坛，对促进东南亚和亚太地区的和平稳定发挥了积极作用。日本积极参与其中，并在地区多边安全合作机制的基础上，出现了探索多边安全合作框架的倾向。当然，我们必须明确日本参与并推动地区多边安全机制是从自身的安全战略考量出发的，这既是日本维护美日同盟的手段，也是日本扩展东南亚战略空间、提高自身在安全格局中地位的必要方式。

此外，冷战后以军事对峙为主的传统安全问题逐渐呈下降趋势，非传统安全问题日益突出。东南亚地区安全问题呈现多元化发展的趋势。日本在经济安全、防治海盗、反恐、跨国犯罪、区域能源安全、环境污染与自然灾害防治等非传统安全领域与东南亚国家展开合作,在一定程度上保障了东南亚安全,促进了东南亚社会的和谐与稳定。

六、日本介入东南亚安全格局的实际效力有限,但由此引起的消极后果不容小觑

日本对东南亚安全格局的介入是其整体国家安全战略设计和布局的一个缩影。日本越发表现出介入并主导东南亚安全格局的野心,但随着地区安全格局多元化发展的态势和限制日本进一步介入的诸多因素的制约,日本对东南亚安全格局介入的实际效力始终是有限的。甚至在一定程度上来讲,日本越用力地想要支配地区格局,越可能达到反效果。某些时候日本与地区关系的紧张,就可能是其过分膨胀的安全战略和超出期望的"介入"的后果,是其安全战略与实际情况脱节的必然反应。

日本安保体制的全面转型和对中国的遏制战略,加剧了东南亚地区军事安全形势,使地区安全格局变得更加复杂化。这不但加深了地区大国间的安全困境,影响东南亚、东亚,乃至亚太地区整体的安全环境和态势,更制约了东南亚地区安全格局的均衡化发展倾向。作为日美两国谋求自身战略利益的工具,同盟体制既加剧了东南亚地区的安全困境,也不利于东南亚地区安全机制的设计与运行,直接影响东南亚地区多边安全机制的效用。此外,日本参与多个东南亚安全机制,在加强机制力量的同时,日本从自身利益出发的现实,也使得地区安全机制充斥了制造对立、妨害共识的内容,而成为日本维持本国地位和打压对手的工具和手段。

在具体领域,如海洋安全事务。东南亚地区的海洋权益争端数量较多、持续时间较长,涉及国家也较多,而日本的介入更是将地区安全问题多边化和国家化,加重了地区海洋争端的复杂性。这在进一步加剧问题解决的难度的同时,也给地区安全布下了军备竞赛和潜在冲突的隐患。如南海问题上日本的积极介入就起到了恶化中国舆论环境、助长相关东南亚国家与中国对抗的恶劣作用。

在此基础上,我们必须认识到,日本国家安全战略转型的不确定性和非稳定性可能会给地区安全格局带来极其消极的后果。归根结底还是因为日本的国家安全战略表现出与东南亚地区多边安全架构潮流相悖的进攻性倾向。

七、日本未来的安全战略走向对东南亚安全格局有至关重要的意义

对日本未来的安全战略而言，如何有效地介入东南亚安全事务，如何提高自身在东南亚安全格局中的影响力和领导力，如何有效地开展同东盟及东南亚各国的安全合作，如何构建东南亚安全架构以追求自身国家利益的最大化，如何处理美日同盟关系和面对中国崛起，是其必须要面对的重要问题。在此之下，日本未来的安全战略走向对东南亚安全格局有重要的意义和作用。

首先，日本是否成为军事大国对东南亚安全格局的未来有至关重要的意义。日本超越战后常规的安全政策选择和突破国内法制限制、力求"军事复国"的决心，使得日本未来是否成为军事大国这一命题成为东南亚国家和域外大国的敏感问题。在此之下，东南亚国家和域外大国出于不同的立场和角度，对其安全战略的评判产生严重的分歧和对立。日本是否仍是一个和平国家，日本未来是否会走上军事大国的安全争议和安全担忧，正影响着东南亚地区相关国家和域外大国安全战略的走向。日本未来的国家定位，必将对东南亚安全格局产生重要的影响。

其次，日本国家安全战略的灵活性和不确定性。作为一个不折不扣的机会主义者，日本的国家安全战略历来是灵活多变、模糊不清、模棱两可的，充满了模糊性。冷战后，日本的东南亚安全战略呈现"双重身份"构建的显著特征。在东南亚安全格局中，日本有时偏向同盟体系，有时又转向地区安全合作。日本的东南亚安全战略始终在美国与东南亚地区、双边与多边、同盟与地区安全机制间犹豫与左右摇摆。与强国结盟，在地区维持其超越其他国家的权势与威望，在谋求与强国平起平坐的"赶超战略"下不断地进行两面下注一直是日本改变身份、弥补差距的重要手段，而历史上日本弱时与域外强国结盟，强时回归地区、与域外强国展开竞争，是日本安全战略的固有传统。在此之下，随着日本突破法制限制、军事实力和地区影响力的不断提升，日本如何处理美日同盟关系和面对中国强势崛起将会直接影响东南亚安全格局的走向。从当前的情况来看，在冲突与摩擦中，日本仍在极力维护同盟体制,却也出现越发明显的独立性倾向;在对中关系上,日本选择了在经济上加深中日关系、在安全和战略上加强对中国制衡的混合路线,这在一定程度上决定了东南亚安全格局的渐变性和变革性走向。

最后,日本未来的安全战略将直接影响东南亚地区的安全架构。未来东南亚地区安全架构建设的关键是如何构建能够同时容纳大国需求和满足中小国家利益的复合型安全架构。尤其是中、美、日、东盟在这一综合性地区安全架构中的角色和定位。① 在区域安全机制的建设中,中、美、日三边关系是地区安全秩序中最重要的架构,如何实现中、美、日三国的有效协调,注重发挥多边安全机制的作用,以包容和协商的态度解决东南亚地区纷争,能够有效地抵抗东南亚安全格局中现有的安全困境和安全隐患,对东南亚地区安全格局有重要的意义,而日本作为直接影响东南亚地区和平与稳定的三角关系的一角,它未来的安全战略选择,势必将对东南亚地区安全格局的走向产生直接且显著的影响。

---

① 吴心伯. 谋求中日美三边关系的平衡发展 [J]. 世界经济与政治, 1999(2): 20-24.

参考文献

一、中文文献
（一）著作（译作）

[1] 曹云华，唐翀. 新中国东盟关系论 [M]. 北京：世界知识出版社，2005.

[2] 曹云华. 东南亚的区域合作 [M]. 广州：华南理工大学出版社，1995.

[3] 陈峰君. 当代亚太政治与经济析论 [M]. 北京：北京大学出版社，1999.

[4] 陈峰君. 亚太安全析论 [M]. 北京：中国国际广播出版社，2004.

[5] 邓仕超. 从敌对国到全面合作的伙伴：战后东盟—日本关系发展的轨迹 [M]. 北京：世界知识出版社，2008.

[6] 黄大慧. 日本大国化趋势与中日关系 [M]. 北京：社会科学文献出版社，2008.

[7] 卡赞斯坦. 文化规范与国家安全：战后日本警察与自卫队 [M]. 李小华，译. 北京：新华出版社，2002.

[8] 李寒梅，等. 21世纪日本的国家战略 [M]. 北京：社会科学文献出版社，2000.

[9] 李秀石. 日本国家安全保障战略研究 [M]. 北京：时事出版社，2015.

[10] 廉德瑰. 日本的海洋国家意识 [M]. 北京：时事出版社，2012.

[11] 梁云祥. 日本外交与中日关系 [M]. 北京：世界知识出版社，2012.

[12] 刘江永. 跨世纪的日本：政治、经济、外交新趋势 [M]. 北京：时事出版社，1996.

[13] 刘世龙. 美日关系（1791—2001）[M]. 北京：世界知识出版社，2003.

[14] 米庆余. 近代日本的东亚战略和政策[M]. 北京：人民出版社，2007.

[15] 庞德良，等. 安倍政权与日本未来[M]. 北京：社会科学文献出版社，2015.

[15] 秋山昌广. 日美中安全对话的可能性[M]//王缉思. 中国国际战略评论2009. 北京：世界知识出版社，2009.

[17] 塞缪尔斯. 日本大战略与东亚的未来[M]. 刘铁娃，译. 上海：上海人民出版社，2010.

[18] 沈海涛. 外交漂流：日本东亚战略转型[M]. 北京：社会科学文献出版社，2015.

[19] 宋成有，李寒梅. 战后日本外交史（1945—1994）[M]. 北京：世界知识出版社，1995.

[20] 孙成岗. 冷战后日本国家安全战略研究[M]. 北京：解放军出版社，2008.

[21] 孙承. 日本与东亚：一个变化的时代[M]. 北京：世界知识出版社，2005.

[22] 孙叶青. 第二次世界大战以来日本安全观的形成与演变[M]. 上海：上海人民出版社，2014.

[23] 王士录，王国平. 走向21世纪的东盟与亚太东盟发展趋势及其对亚太的影响[M]. 北京：当代世界出版社，1999.

[24] 吴寄南. 新世纪日本对外战略研究[M]. 北京：时事出版社，2010.

[25] 吴心伯. 太平洋上不太平[M]. 上海：复旦大学出版社，2006.

[26] 五百旗头真. 战后日本外交史：1945—2010 [M]. 北京：世界知识出版社，2013.

[27] 武桂馥，郭新宁. 新世纪初亚太战略纵横[M]. 北京：国防大学出版社，2004.

[28] 小岛明. 日本的选择[M]. 孙晓燕，译. 北京：东方出版社，2010.

[29] 肖伟. 战后日本国家安全战略的历史原点[M]. 北京：新华出版社，2009.

[30] 阎学通. 中国与亚太安全 [M]. 北京：时事出版社，1999.

[31] 杨洁勉，赵念渝，等. 国际恐怖主义与当代国际关系：911事件的冲击和影响 [M]. 贵阳：贵州人民出版社，2002.

[32] 喻常森. 亚太国家对中国崛起的认知与反应 [M]. 北京：时事出版社，2013.

[33] 张沱生. 新形势下对中国对外政策的若干思考 [M] // 王缉思. 中国国际战略评论2011. 北京：世界知识出版社，2011.

[34] 中曾根康弘. 日本二十一世纪的国家战略 [M]. 联慧，译. 海口：海南出版社，2004.

[35] 周方银，高程，万明，等. 东亚秩序 [M]. 北京：社会科学文献出版社，2012.

[36] 周方银. 大国的亚太战略 [M]. 北京：社会科学文献出版社，2013.

(二) 期刊

[1] 包霞琴. 日本的东亚秩序观与"东亚共同体"构想 [J]. 国际观察，2004 (4).

[2] 曹筱阳. 美日同盟：面向21世纪的全面调整 [J]. 当代亚太，2006 (9).

[3] 曹云华. 东南亚地缘政治格局的新变化：论美国反恐怖主义对东南亚的影响 [J]. 东南亚纵横，2001 (11).

[4] 曹云华. 后冷战时代的东盟安全战略 [J]. 世界经济与政治，1995 (5).

[5] 曹云华. 日本与东盟的安全 [J]. 东南亚研究，1995 (2).

[6] 曹云华. 在大国间周旋：评东盟的大国平衡战略 [J]. 暨南大学学报 (哲学社会科学版)，2003 (3).

[7] 陈锋. 日本迈向政治和军事大国的文件：日本新《防卫计划大纲》和《中期防务力量发展计划》初析 [J]. 瞭望，1996 (4).

[8] 陈哲. 试析日本防卫战略与交战规则的调整 [J]. 国际论坛，2014 (1).

[9] 陈志. 美日同盟与东南亚地区安全问题研究 [J]. 日本研究，2010 (4).

[10] 崔志楠. 日本谋求"集体自卫权"的动向、动因及影响 [J]. 和平与

发展, 2009（4）.

[11] 董顺擎. 奥巴马政府亚太战略与日本的战略诉求 [J]. 东北亚学刊, 2014（5）.

[12] 龚迎春. 日本与多边海上安全机制的构建 [J]. 当代亚太, 2006（7）.

[13] 郭震远. 东南亚地区安全合作的共识、分歧和前景 [J]. 和平与发展, 1994（4）.

[14] 韩旭东, 于泽. 日本为何抛出"有事"三法案？[J]. 半月谈, 2002（9）.

[15] 何英莺. 从日本ODA政策的调整看日本外交战略的变化 [J]. 太平洋学报, 2004（12）.

[16] 胡传明, 张帅. 美中日在南太平洋岛国的战略博弈 [J]. 南昌大学学报（人文社会科学版）, 2013（1）.

[17] 胡德坤, 江月. 日本《海洋基本法》框架下的政策进展研究 [J]. 武汉大学学报（人文科学版）, 2016（6）.

[18] 胡继平. 从新防卫大纲看日本安全战略的调整 [J]. 现代国际关系, 2005（1）.

[19] 霍克. 东亚的经济安全与中国的使命 [J]. 战略与管理, 1998（1）.

[20] 江西元. 变化中的亚太格局：特点与趋势 [J]. 国际观察, 2003（1）.

[21] 江新凤. 日本安全战略面临全面调整：评安全保障与防卫力量恳谈会报告 [J]. 日本学刊, 2004（6）.

[22] 焦金凤. 东海大陆架的划界与中日关系 [J]. 科技信息, 2005（10）.

[23] 拉萨特. 超越遏制：90年代美国的亚洲战略 [J]. 刘世龙, 译. 美国研究参考资料, 1993（1）.

[24] 李薇. 日本的国家定位与历史反思 [J]. 国际经济评论, 2012（4）.

[25] 李秀石. 解析日本"动态遏制"战略 [J]. 国际展望, 2012（2）.

[26] 李秀石. 试析日本在太平洋和印度洋的战略扩张：从反海盗到保卫两洋海上通道 [J]. 国际观察, 2014（2）.

[27] 李艳. 奥巴马时期的日美安全合作的变化 [J]. 国际研究参考, 2017（31）.

[28] 李益波. 浅析奥巴马政府的东南亚外交 [J]. 东南亚研究, 2009 (6).

[29] 李振倡, 何弘毅. 日本海洋国家战略与北极地缘政治格局演变研究 [J]. 日本问题研究, 2016 (4).

[30] 廉德瑰. 略论日本"海洋派"的对外战略思想 [J]. 日本学刊, 2012 (1).

[31] 林晓光. 日本积极介入南海问题的战略意图和政策走向 [J]. 和平与发展, 2012 (2).

[32] 刘昌明. 地区主义对东亚双边同盟体系的挑战及美国的应对战略 [J]. 山东社会科学, 2011 (5).

[33] 刘江永. 论日本的"价值观外交" [J]. 日本学刊, 2007 (6).

[34] 刘强. 论日本国家安全战略调整: 基于日本战略文化和战略意愿的视角 [J]. 国际观察, 2009 (5).

[35] 刘卿. 美国亚太同盟关系衍化新趋势 [J]. 国际问题研究, 2016 (2).

[36] 刘世龙. 冷战后日本的外交战略 [J]. 日本学刊, 2003 (5).

[37] 刘思伟. 印日安全合作及其对亚太地区安全态势的影响 [J]. 南亚研究季刊, 2015 (1).

[38] 卢昊. 战后日本安全政策: "军事正常化"的发展 [J]. 日本学刊, 2015 (6).

[39] 陆建人. 东盟国家的安全合作及几点看法 [J]. 战略与管理, 1999 (4).

[40] 陆伟. 荣誉偏执、身份迷思与日本战略偏好的转向 [J]. 当代亚太, 2016 (4).

[41] 吕耀东. 日本解禁集体自卫权的过程及战略意图 [J]. 和平与发展, 2016 (4).

[42] 吕耀东. 深化同盟机制: 日美双边互动的战略愿景 [J]. 日本学刊, 2012 (3).

[43] 马场公彦. 日本型"中国威胁论"的"水脉" [J]. 日本学刊, 2003 (2).

[44] 梅秀庭. 安倍内阁《国家安全保障战略》介评 [J]. 现代国际关系,

2014 (2).

[45] 孟祥青. 居心叵测的战略举措: 日本参加 TMD 的背景与企图 [J]. 世界知识, 1999 (7).

[46] 孟晓旭, 王珊. 新安保法案与日本安全战略困境 [J]. 现代国际关系, 2015 (8).

[47] 聂宏毅, 肖铁峰. 美日同盟的历史演变及其对亚太安全的影响 [J]. 当代亚太, 2007 (8).

[48] 牛军, 王东. 中美日安全关系与东亚安全环境 [J]. 国际经济评论, 2005 (6).

[49] 欧阳立平. 日本的军事力量和军事战略 [J]. 国际资料信息, 2002 (6).

[50] 庞中鹏. 日本和印度两国关系走向的探析 [J]. 社科纵横, 2011 (1).

[51] 庞中鹏. 试析近年来不断深化的日印关系: 兼从日印能源合作的视角 [J]. 日本学刊, 2011 (1).

[52] 秦亚青. 国际制度与国际合作: 反思新自由制度主义 [J]. 外交学院学报, 1998 (1).

[53] 屈彩云. 战后日本在亚太安全格局中的身份建构 [J]. 当代亚太, 2010 (6).

[54] 盛欣, 徐莉莉. 日本新版《防卫计划大纲》评析 [J]. 亚非纵横, 2014 (1).

[55] 孙承. 日本的地区安全合作思想与实践 [J]. 日本学刊, 2004 (2).

[56] 孙茹. 略论美国亚太"再平衡"战略的长期性 [J]. 当代世界, 2015 (2).

[57] 汤庆钊. 注意! 日本军事转型 军费总额亚洲第一, 全面向攻击型转变 [J]. 国际展望, 2006 (14).

[58] 王帆. 中美竞争性相互依存关系探析 [J]. 世界经济与政治, 2008 (3).

[59] 王海滨. 从日澳"安保关系"透析日本安全战略新动向 [J]. 日本学刊, 2008 (2).

[60] 王竞超. 日本对马六甲海峡海盗治理事务的介入进程及模式研究[J]. 太平洋学报, 2017 (6).

[61] 王义桅. 东盟的安全政策及其实施[J]. 当代亚太, 1999 (2).

[62] 王致诚. 海盗猖獗马六甲[J]. 当代海军, 2004 (9).

[63] 韦红. 东盟安全共同体的特征及中国在其建设中的作用[J]. 国际问题研究, 2007 (2).

[64] 文日江永. 日本武力介入钓鱼岛的图谋与法律制约[J]. 国际问题研究, 2012 (5).

[65] 文日雪莲, 张克成. 东亚共同体建设的地缘政治分析[J]. 社会科学战线, 2012 (4).

[66] 吴怀中. 从《防卫白皮书》看日本防卫政策[J]. 日本学刊, 2008 (5).

[67] 吴怀中. 新世纪日本安全政策的调整[J]. 亚非纵横, 2007 (5).

[68] 吴怀中. 战后日本安保政策的演变[J]. 国际政治研究, 2015 (1).

[69] 吴心伯. 冷战结束之初美国亚太安全战略的转变[J]. 美国研究, 2002 (3).

[70] 吴心伯. 谋求中日美三边关系的平衡发展[J]. 世界经济与政治, 1999 (2).

[71] 小滨裕久. 亚洲经济危机和日本的支援[J]. 司韦, 译. 南洋资料译丛, 1999 (2).

[72] 信强. "次轴心": 日本在美国亚太安全布局中的角色转换[J]. 世界经济与政治, 2014 (4).

[73] 修斌. 日本海洋战略研究的动向[J]. 日本学刊, 2005 (2).

[74] 徐立波. 试析新时期东盟"大国平衡战略"[J]. 东南亚之窗, 2006 (1).

[75] 杨伯江. 美国战略调整背景下日本"全面正常化"走向探析[J]. 日本学刊, 2013 (2).

[76] 杨伯江. 日本民主党安全战略走向初析[J]. 日本学刊, 2011 (2).

[77] 杨光海. 日本南海政策的历史演变及其启示[J]. 亚非纵横, 2015

(6).

[78] 姚文礼. 21世纪初期日本安全战略调整刍议 [J]. 日本学刊, 2003 (6).

[79] 于铁军. 中美日协调是当前构建亚太地区复合安全架构的重点 [J]. 国际政治研究, 2011 (1).

[80] 张博文. 日本对东南亚国家的援助: 分析与评价 [J]. 发展与援助, 2014 (4).

[81] 张景全. 美日同盟与美国重返亚洲战略 [J]. 国际问题研究, 2012 (5).

[82] 张明, 黄成军, 胡国新. 日本防卫政策及军队建设新动向浅析 [J]. 国防科技, 2012 (1).

[83] 张瑶华. 日本在中国南海问题上扮演的角色 [J]. 国际问题研究, 2011 (3).

[84] 张勇. 奥巴马政府的亚太地区"少边主义"外交浅析 [J]. 美国研究, 2012 (2).

[85] 张蕴岭. 如何认识中国在亚太地区面临的国际环境 [J]. 当代亚太, 2003 (6).

[86] 周方银. 美国的亚太同盟体系与中国的应对 [J]. 世界经济与政治, 2013 (11).

[87] 周方银. 中国崛起、东亚格局变迁与东亚秩序的发展方向 [J]. 当代亚太, 2012 (5).

[88] 周建明, 王海良. 国家大战略、国家安全战略与国家利益 [J]. 世界经济与政治, 2002 (4).

[89] 朱峰. "变化中的东北亚地区安全"国际学术研讨会暨"第一届北京大学东北亚地区安全论坛"会议综述 [J]. 国际政治研究, 2005 (1).

[90] 朱海燕. 安倍政府的安保战略: 目标、路径及前景 [J]. 现代国际关系, 2016 (4).

(二) 论文

[1] 郭玉强. 21世纪初日本东亚地缘安全战略研究 [D]. 长春: 吉林大

学，2017.

［2］刘锴. 冷战后美国东亚安全战略研究［D］. 长春：吉林大学，2013.

［3］谢洋艺. 东亚合作背景下的日本东亚地区政策研究［D］. 北京：外交学院，2012.

［4］张铎. 日本安倍政府东亚安全政策研究［D］. 长春：吉林大学，2017.

二、英文文献

（一）专著

［1］BARNETT R W. Beyond War：Japanese Concept of Comprehensive National Security［M］. Washington：Pergaon-Brassey's，1984.

［2］DRIFTE R. Japanese Security Relations with China Since 1989：from Balancing to Bandwagoning?［M］. New York：Routledge Curzon，2003.

［3］MASASHI N. "Japanese Political and Security Relations with ASEAN"，ASEAN Japan Cooperation：A Foundation for East Asian Community［M］. Tokyo：Japan Center for International Exchange，2003.

［4］RATANAK H. ASEAN Plus Three：A New Formal Regionalism in East Asia，East Asian Cooperation：Searching for an Integrated Approach［M］. Beijing：World Affairs Press，2004：67.

［5］WAN M. Sino-Japanese Relations：Interaction，Logic and Transformation［M］. Stanford：Stanford University Press，2006.

（二）期刊

［1］BRADFORD J F. Japanese Anti-Piracy Initiatives in Southeast Asia：Policy Formulation and the Coastal State Responses［J］. Contemporary Southeast Asia，2004，26（3）.

［2］CLINTON H. America's Pacific Century［J］. Foreign Policy，2011（11）.

［3］COSSA R A，GLOSSERMAN B. U. S. -Japan Defense Cooperation：Has Japan Become the Great Britain of Asia?［J］. Issuses and Insights，2005，5（3）.

［4］CRONE D. Does Hegemony Matter? The Reorganization of the Pacific Political Economy［J］. World Politics，1993（7）.

［5］GANESAN N. ASEAN's Relations with Major External Powers［J］. Contemporary Southeast Asia, 2000 (2).

［6］GARCIA D. U. S. Security Policy and Counter-Terrorism in Southeast Asia［J］. UNISCI Discussion Papers, 2004 (5).

［7］LAM P E. Japan and the Spratlys Dispute: Aspirations and Limitations［J］. Asian Survey, 1996, 36 (10).

［8］LEAVITT S R. The Lack of Security Cooperation between Southeast Asia and Japan［J］. Asian Survey, 2005, 45 (2).

［9］LIMAYE S P. Minding the Gaps: The Bush Administration and U. S. -Southeast Asia Relations［J］. Contemporary Southeast Asia, 2004, 26 (1).

［10］MIDFORD P. Japanese Leadership Role in East Asian Multilateralism: the Nakayama Proposal and the Logic of Reassurance［J］. The Pacific Review, 2000, 13 (3): 368.

［11］NYE J S, Jr. Coping with Japan［J］. Foreign Policy: Winter, 1992-1993 (89).

［12］PAJON C. Japan's "smart" Strategic Engagement in Southeast Asia［J］. Center for Asian Studies, French Institute of International Relations, 2013, 12 (6).

［13］SHERIDAN G. China lobby keeps India on the outer［J］. The Weekend Australian, 2007 (3).

［14］SIMON S. ASEAN and Multilateralism: The Long, Bumpy Road to Community［J］. Contemporary Southeast Asia, 2008, 30 (2).

［15］SINGH B. ASEAN's Perceptions of Japan: Change and Continuity［J］. Asian Survey, 2002, 12 (2).

［16］TUNG N V. Vietnam's Membership of ASEAN: A Constructivist Interpretation［J］. Contemporary Southeast Asia, 2007, 29 (3).

［17］WOOLLEY P J. Japanese Minesweeping Decision: An Organizational Response［J］. Asian Survey, 1996, 36 (8).

（三）报告

［1］ARMITAGE R, NYE J. The U. S. -Japan Alliance: Getting Asia Right through 2020 [R]. Washington: Report for Center for Strategic and International Studies, 2007.

[2] Office of International Security Affairs. United States Security Strategy for the East Asia-Pacific Region [R]. Department of Defense, 1995.

[3] OKUIZUNIETAL K. The U. S. -Japan Economic Relationship in East and Southeast Asia [R]. Washington: The Center for Strategic and International Studies, 1992.

[4] THOMAS B. Scaling Rising Tides: A Three-Pronged Approach to Safeguard Malacca Straits [R]. Singapore: Institute of Defence and Strategic Studies, 2005.

[5] United States Security Strategy for the East Asia – Pacific Region [R]. Washington: Office of the Secretary of Defense, 1995.

（四）网络文献 [1] ARROYO G M. ASEAN Prepares To Take On Trade Giants [EB/OL]. The Wall Street Journal, 2002-07-30.

[2] Chairman's Press Statement of the 8th ASEAN Plus Three Foreign Ministers Meeting [EB/OL]. Manila, 2007-07-31.

[3] Declaration of ASEAN Concord II (Bali Concord II), Bali, Indonesia [EB/OL]. ASEAN , 2003-10-07.

[4] ERLANGER S. A Cease-Fire in Cambodia Disappears in a Few Hours [EB/OL]. The New York Times, 1991-05-02.

[5] Joint Communique of The Twenty-Fourth ASEAN Ministerial Meeting Kuala Lumpur [EB/OL]. ASEAN, 1991-7-20.

[6] Joint press Conference with Secretary Carter, Secretry Kerry, Foreign Minister Kishida and Defense Minister Nakatani in New York [EB/OL]. U. S. Department of Defence, 2015-04-27.

[7] MOHAMAD M. The future of Asia and the Role of Japan: Challenges of the 21st Century of Youth [Z]. Tokyo: Waseda University, 1997-03-27.

[8] National Security Strategy [EB/OL]. The White House, 2010-05-27.

[9] Prime Minister Obuchi's Four Initiatives for Japan – ASEAN Cooperation toward the 21st century [EB/OL]. Ministry of Foreign Affaires of Japan, 1998 –

12-17.

［10］TANTER R. Japans Indian Ocean Naval Deployment：Blue Water Militarization in a "Normal Country"［EB/OL］. APJJF, 2006-05-06.

［11］The National Security Strategy of the United States of America［EB/OL］. The White House, 2002-09-17.

三、日文文献

（一）专著

［1］川上高司. 米国の対日政策―覇権システムと日米関係［M］. 日本：同文舘, 1996.

［2］船橋洋一. 同盟漂流［M］. 日本：岩波書店, 1997.

［3］関根政美, 山本信人. 海域アジア［M］. 日本：慶応大学出版会, 2004.

［4］江畑謙介. 安全保障とは何か［M］. 日本：平凡社, 1999.

［5］添谷芳秀. 日本の「ミドルパワー」外交―戦後日本の選択と構想［M］. 日本：筑摩書房, 2005.

［6］外務省. 外交青書：35号［M］. 日本：大蔵省印刷局, 1991.

［7］小沢一郎. 日本改造計画［M］. 日本：講談社, 1994.

（二）期刊

［1］安倍晋三. 復活した日本［J］. Foreign Affairs（日本語版）, 2013（6）.

［2］船橋洋一. 日米安保再定義の全解剖［J］. 世界（日本）, 1996（5）.

［3］村井友秀. 新・中国"脅威"論［J］. 諸君, 1990（5）.

［4］高井晋. OPK研究の紹介［J］. Securitarian（日本）, 1998（6）.

［5］宮家邦彦. 海洋国家が取るべき大陸戦略：日中国交回復以来の対中外交のあり方を変えよ［J］. 中央公論, 2006（1）.

（三）报纸及网络文献

［1］安倍晋三. 日本は戻ってきました［EB/OL］. 首相官邸網, 2013-02-23.

［2］安倍総理大臣のベトナム訪問（概要）［EB/OL］. 外務省網, 2013-01-17.

[3] 赤石浩一. 2030 年のエネルギー需給展望 [EB/OL]. 経済産業研究所において, 2004-09-02.

[4] ソマリア沖・アデン湾における海賊対処に関する関係省庁連絡会 [EB/OL]. 內閣官房网, 2013-03.

[5] 第百八十五回国会における安倍内閣総理大臣所信表明演説（平成 25 年）[EB/OL]. 首相官邸网, 2013-10-15.

[6] 第 2 回日・フィリピン海洋協議の開催についこ（結果概要）[EB/OL]. 外務省网, 2012-02-22.

[7]「二つの海の交わり」：インド国会における安倍総理大臣演説 [EB/OL]. 外務省网, 2007-08-22.

[8] 防衛年表 [EB/OL]. 防衛省・自衛隊网, 2015-11-04.

[9] 国家安全保障戦略について（2013）[EB/OL]. 防衛省・自衛隊网, 2013-12-17.

[10] 国家安全保障戦略（平成 25 年）[EB/OL]. 內閣官房网, 2013-12-27.

[11] "宽容、谦虚、相互学习的亚洲"：安倍总理在第 19 次国际交流会议"亚洲的未来"晚餐会上的演讲（中文版）[EB/OL]. 日本国首相官邸网, 2013-05-23.

[12] 麻生太郎.「自由と繁栄の弧」をつくる—拡がる日本外交の地平 [EB/OL]. 外務省网, 2006-11-30.

[13] 平成 21 年版防衛白書 [EB/OL]. 防衛省・自衛隊网, 2009.

[14] 平成 23 年度以降に係る防衛計画の大綱について [EB/OL]. 首相官邸网, 2010-12-17.

[15] 平成 17 年度以降に係る防衛計画の大綱について [EB/OL]. 首相官邸网, 2004-12-10.

[16] アジアにおける平和と繁栄のための戦略的なパートナーシップの下での行動に関する日越共同声明 [EB/OL]. 外務省网, 2010-10-31.

[17] 日本国际论坛. "构筑东亚安全保障合作体制"的政策咨询报告 [N]. 世界周报（日本）, 2002-12-31.

[18] 日本国际论坛. 日本国际论坛对美中俄关系的展望与日本的构想 [N]. 世界周报（日本），1999-06-08.

[19] 日米安全保障協議委員会共同発表 [EB/OL]. 日本安全保障協議委員会网，2005-02-19.

[20] 日・フイリピン首脳会談（概要）[EB/OL]. 外務省网，2013-10-09.

[21] 日・インドネシア首脳会談（概要）[EB/OL]. 外務省网，2013-01-18.

[22] 日印ヴィジョン2025 特別戦略的グローバル・パートナーシップインド太平洋地域と世界の平和と繁栄のための協働 [EB/OL]. 外務省网，2015-12-12.

[23] 日中韓首脳共同記者発表 [EB/OL]. 首相官邸网，2005-11-01.

[24] 21世紀日本外交の基本戦略—新たな時代、新たなビジョン、新たな外交 [EB/OL]. 首相官邸网，2002-11-28.

[25] 小泉総理大臣のASEAN 諸国訪問における政策演説—「東アジアの中の日本とASEAN」—率直なパートナーシップを求めて [EB/OL]. 首相官邸网，2002-01-14.

[26] 政府開発援助（ODA）白書：第1部第2章第6節海の安全確保へのアジア沿岸諸国への支援マラッカ海峡の安全航行への施策 [EB/OL]. 外務省网，2006-12.

[27] 中国安全战略报告2011（中文版）[EB/OL]. NIDS 防衛研究所网，2012-02-16.